国家出版基金项目
NATIONAL PUBLICATION FOUNDATION

白化文 ——著

汉化佛教法器与服饰

白化文文集（第六卷）

中国书籍出版社
China Book Press

图书在版编目（CIP）数据

汉化佛教法器与服饰 / 白化文著. —北京：中国书籍出版社, 2017.8
（白化文文集）
ISBN 978-7-5068-6397-1

Ⅰ.①汉… Ⅱ.①白… Ⅲ.①佛教—法器—研究—中国
②佛教—服饰—研究—中国 Ⅳ.①B948

中国版本图书馆CIP数据核字（2017）第200445号

汉化佛教法器与服饰

白化文　著

图书策划	牛　超　崔付建
责任编辑	成晓春
责任印制	孙马飞　马　芝
出版发行	中国书籍出版社
地　　址	北京市丰台区三路居路97号（邮编：100073）
电　　话	（010）52257143（总编室）（010）52257140（发行部）
电子邮箱	eo@chinabp.com.cn
经　　销	全国新华书店
印　　刷	三河市华东印刷有限公司
开　　本	650毫米×940毫米　1/16
字　　数	165千字
印　　张	15.75
版　　次	2017年9月第1版　2017年9月第1次印刷
书　　号	ISBN 978-7-5068-6397-1
总 定 价	580.00元（全十卷）

版权所有　翻印必究

总　序

　　化文学长与我是同学挚友，我们有共同的爱好，都对古典文学有一点偏爱。不过他的学问广泛，知识渊博，这是我们班同学都公认的。当他七十寿辰时，我给他写了一副贺联：

　　五一级盍簪相契，善学善谋，更喜交游随处乐；
　　七十翁伏案弥勤，多能多寿，定看著作与年增。

　　这里我说的，真是实话。他的"善学"和"多能"，是我最佩服而学不到的。据他片断的自述，我们可以了解到，他少年时就偏爱文科，读书很广，从不死抱着课本不放，而是大量地读课外书。虽然偏废理科，但对于海军史和舰艇知识,却非常熟悉,谈起来如数家珍。上大学时,他不仅认真听本班本系的课,还曾旁听过高班和外系的课。他1950年就上了北大,所以曾有机会听过俞平伯、罗常培、唐兰、王重民先生的课,比我们有幸多了。杜甫《戏为六绝句》之六说:"转益多师是汝师。"他的确是做到了"转益多师"的,因此有多方面的资源和传承,成为一个多面手。

他的"善学",首先是尊师重道。一向对老师尊敬尽礼,谒见老师,总是九十度鞠躬,侍立倾听。直到现在,他讲演、发言时,提到老师的名字一定从座位上肃然起立表示敬意。他写文章时总是先举老师的字再注名,以字行的当然在外。这些礼节已是今人所不懂的了。事无巨细,他总是竭诚为老师服务,真是做到了"有事弟子服其劳"。在他将近知命之年,拜我们编辑行的前辈周绍良先生为师,成了超龄的"在职研究生"。他在人前人后、口头书面,总自称为门生,极为恭敬,比青年人虚心得多。

他的"善学",体现于学而能思和思而能学。孔子说:"学而不思则罔,思而不学则殆。"(《论语·为政》)化文学长是身体力行的。他在上大学之后,总结了自己的学习经验,得出自觉颇为得力见效的四条"秘诀"。

第一条是:

除了入门外语等课以外,大学的课程均应以自学为主。多读课外书，特别是指定参考书和相关书籍，学会使用最方便使用的大图书馆，学会使用各有各的用处的各种工具书，一生得益。

这是最重要的一条经验。我愿意把它推荐给广大青年同学，不过万一遇上了要求背笔记的老师，可能考试得不到高分，那就不要太在意，争取在别的地方得分吧。

第四条也很重要：

老师的著作要浏览，有的要细读。对老师的学术历史要心中有数。这样，一方面能知道应该跟老师学什么，甚至于知道应该怎样学；另一方面，也借此尽可能地了解在老师面前应该避忌什么与提起什么。

这一条是准备进一步向老师学习真髓的方法。每个老师都有独特的长处和学术道路。你想要多学一些课堂之外的东西，就得先做功课，细读老师的主要著作，才能体会出课堂上所讲的那些结论是怎么来的，才能明白老师所讲的要点在哪里。化文学长在四条"秘诀"的其余两条里就讲了要注意讲义之外的"神哨"和听课时要多听少记，都是这个思路。读者有兴趣的话，可以去找他的《对一次考试答案的忏悔》《定位、从师、交流、考察》两文一读。

他的"善学",还在于随遇而安,就地取材,见缝插针,照样能左右逢源,有所建树。化文学长前半生道路坎坷,屡遇困境,但他能边干边学,学一样像一样。徐枢学长分配到电力学校教课,心里郁郁不乐,先师浦江清先生开导他说,"你可以研究电嘛"。当时引为笑谈,化文学长却从中得到了启发,他说:"老师有深意存焉:到什么山上唱什么歌。只要抓住'研究'不放就行。因而我此后每到新岗位,一定服从工作需要,在工作中不废研究,多少干出些名堂来。"(《浦江清先生二题》)他也的确干出了许多"名堂"。有一段时间,他以业余时间帮《文物》杂志编辑部看稿,看了不少发掘报告,从而也学了文物考古的知识,这对后来他研究佛寺和佛教文物很有裨益。同时也因看稿而向王重民先生请教古籍版本方面的问题,得到了许多课外的真传。

他的"多能",就因为他"善学"。大学毕业离校之后,他不仅继续向本系的老师请益,而且还陆续向外系的老师求教,如历史系的周一良先生,哲学系的任继愈先生,东语系的季羡林先生,都得到不少教益。他在师从周绍良先生之后,虚心学习敦煌学和佛教文献学,再和他本职工作相结合,创立了佛教和敦煌文献的目录学,成为一门新的学科。我们只要看看化文学长这一批著作的书目,涉及好几门学科,就可以知道他的"多能",正是他"善学"的结果。

希望青年一代的读者，能从这些书里学习他"善学"的精神和方法。倒不一定要学那些具体内容，因为人各有志，条件各不相同，所遇的老师又各有所长。就如白先生自称"受益于周燕孙（祖谟）先生最深"，他也深知周先生的特长是音韵、训诂，但他不想学语言文字学，就如实地回答了周先生的探询。他最受益的是周先生给他讲的工具书使用法，而学到的还有周先生礼貌待人、踏实治学的作风，应该说是更重要的。

孔子自谦说："吾少也贱，故多能鄙事。"化文学长少年时并不"贱"，从小在慈母沈伯母的精心培养下，决心要上北大文科。终于，在北大中文系前后读了五年，在北大图书馆泡了六十多年，造就了一位"多能雅事"的传统文化学家，应了浦江清、朱自清两位先生在他幼年时说的预言。沈伯母在天之灵，我想应该含笑点头了吧。

中国书籍出版社要出白化文学长的十本文集，汇为一辑，委托我写一篇序。我与他幸为知交，不能推辞，写一点感想，作为书前的题记而已。

程毅中
2016年8月

目　录

一、绪说　*001*
　　（一）佛教与汉化佛教　*001*
　　（二）佛教三宝与寺院　*005*
　　（三）汉化佛教的法器与服饰　*007*

二、鸣器　*008*
　　（一）呗器　*008*
　　（二）夜半钟声　*017*
　　（三）清磬几僧邻　*027*
　　（四）木鱼和木鱼的传说　*035*
　　（五）汉化佛教寺院中的鼓　*044*

三、"庄严"和庄严具 064
　　（一）讲"庄严" 064
　　（二）庄严具 066
　　（三）彩画庄严 079
　　（四）现图曼荼罗 087

四、供具 094
　　（一）供具与供物 094
　　（二）三具足 097
　　（三）七宝与八吉祥 103

五、汉化佛教僧人法服与常服 112
　　（一）僧人的服装 112
　　（二）三衣和五衣 113
　　（三）汉化佛教僧人服饰传流所自及其改革之要点 122
　　（四）历史上所见的汉化佛教僧侣法服与常服简述 126

六、随身具 135
　　（一）随身具 135
　　（二）衣钵相传和比丘六物 137
　　（三）十八物 145

（四）齿木——杨枝　149

　　（五）净瓶——军持　153

　　（六）巾　156

　　（七）戒刀　158

　　（八）百一物　165

　　（九）拂尘　167

　　（十）拄杖、禅杖和锡杖　169

七、璎珞、华鬘与数珠　178

　　（一）璎珞与华鬘　179

　　（二）造像服饰　190

　　（三）数珠　192

　　（四）作为殿堂内庄严具的璎珞　196

附　录

　　原书附录　197

　　原书后记　229

《白化文文集》编辑附记　233

一、绪说

（一）佛教与汉化佛教

与基督教、伊斯兰教并称为世界三大宗教的佛教，是公元前约六七世纪时，释迦牟尼在古代南亚次大陆北部地区创立的，是受到那个地区的婆罗门教和其他"外道"在教义、组织等多方面的影响，并与它们不断斗争中建立成长起来的。

佛教在其发展过程中，依然受到其他教派的或多或少的影响，更由于教徒对教义和戒律等方面的认识产生分歧，于是在历史上滋生出许多教派来。从古代南亚次大陆来看，大致地说，较原始的佛教教派以自利求罗汉果得解脱为最终

苏州西园寺

目的，被称为小乘佛教；1世纪前后兴起的大乘佛教，则以利他修菩萨行成佛为最终目的。小乘只承认释迦牟尼一位是佛，大乘则认为大千世界有恒河沙数的佛。7世纪以后，大乘佛教中一部分教派与当时当地的带有秘密宗教性质的某些婆罗门教系统融合，形成密教（密宗）。小乘、大乘、密教，这就是古代南亚次大陆佛教在流行中逐步形成的三大派系。它们各自传流有自，并行不废。

佛教逐渐传入与南亚次大陆相邻的国家与地区，又形成各具该地区本民族特色的种种教派。原来的三大派系在不

卢舍那大佛

同时期都传入中国,大体上说,在中国中原以汉族为主体的地区逐步传播,并主要是经由中国传入古代朝鲜、日本等处的,称为北传佛教,也称为汉化佛教。其教义以大乘为主,并杂取小乘、密教中一部分。其经典属于汉文系统。在中国西藏地区逐步形成的,称为藏传佛教,后来也在蒙古等地区传播开来。其教义是佛教(包含大量密教成分)与当地的原始宗教"苯教"的混合,而以佛教特别是密教为主。其经典以藏文为主。传入今斯里兰卡、缅甸、泰国、柬埔寨、老挝

白化文文集

清代西方人所画的中国和尚

和东南亚一带，并在中国西南少数民族地区传播的，称为南传佛教。教义以小乘为主，其经典主要属于巴利文系统。中国是三大派系兼具，而从信徒之众、传播地区之广大来说，又是以汉化佛教为主的国家。

（二）佛教三宝与寺院

一种宗教，从形成到发展，一般需要具备以下四个条件：

（1）一定的教义，常以经典形式记载并传播。

（2）具体的崇拜（礼拜）对象，此种对象常以具体形象显示。从历史发展看，表现为人的形象的越来越占大多数，拜物教居少数。许多宗教都以本宗教的创始人为膜拜对象。

（3）用适当方式——常为有层次的多种方式——组织起来的相当数量的信徒。

（4）独有的活动场所，即本教派的根据地。

以上四项条件，佛教全都具备。

佛教的教义，在各大宗教中最富于哲理性和学术性。佛教一方面在吸收其他教派教义的同时创造出自己的经过深思熟虑的独特教义，另一方面采用了大量的古代神话、传说、故事，使其为我所用。佛教在其发展中派系繁多，经典繁富，结集成"三藏"，即传为释迦牟尼佛所说理论的"经藏"，所说清规戒律的"律藏"，还有后代阐释佛说精义的"论藏"。我们本书中讲的法器、服饰都各具其本身的鲜明特点，其规定多载于律藏，其他两藏中也有讲到的。

佛教是逐渐形成的一种多神教，有"佛""菩萨""罗汉""诸天鬼神"等一系列庞大复杂的崇拜对象，并以雕塑和绘画等图像显示之。因图像繁多而且是信徒的主要膜拜对象，所以又常常被人戏称为"像教"。这些膜拜对象的服饰各有特色，但在本书中只能约略地讲到。礼拜他们的时候所用的种种"法器"，则在本书中重点讲述。

佛教的信徒，是用清规戒律为依据严密组织起来的"七众"，即出家二众：比丘（俗称和尚），比丘尼（俗称尼姑，不可当面如此称呼）；年幼的待候补的出家人：沙弥（俗称小和尚），沙弥尼（俗称小尼姑，也不可当面称呼），式叉摩那（学戒女，由沙弥尼向比丘尼过渡期中受两年左右考验者）；在家二众：优婆塞（居士）以及优婆夷（信女）。他们的服饰都有明确规定，但又是从各地区历史上逐步发展变化才形成的。本书中重点讲述。

佛寺是佛教的主要根据地。佛寺中的种种安置，当然也有明确规定。本书中也重点讲述。

从佛教的观点来看，以上所说的，就是佛（膜拜对象）、法（教义）、僧（信徒）三宝与寺院，它们是佛教赖以生存与发展传播的必要条件。本书中讲述的，只是与三宝和寺院密切相关的法器、服饰，所述以汉化佛教为主。

（三）汉化佛教的法器与服饰

从汉化佛教的角度来看，广义地说，下列物品均可称为法器：

（1）寺院中特别是殿堂中的种种室内装饰用具，如幢（读作chuáng）、幡等。

（2）佛像前的种种供奉用具，如香炉、烛台、花瓶等。

（3）僧人在祈祷、修行、供养、法会时所用的种种用具，如钟、磬、铃等。

（4）僧人的修行用具，如数珠、禅杖等。

它们又可统称为佛器、佛具、道具。

狭义地说，法器特指放置在佛像前的小型供奉器物。密宗对此类器物有特别要求，在这方面有自己的一整套系统性的器物，并且"不足为外人道"。本书中基本上不涉及密宗的整套系统，只就个别常见的略作介绍。

本书中讲述的，主要是广义上的常见常用的法器。

汉化佛教的服饰别具一格，大体上可分为"尊像服饰"和"僧人服饰"两大类。本书中以讲述僧人服饰为主。

二、鸣器

（一）呗器

如果对绪说中所说的加以补充，那么可以说，从佛教的角度看，凡是能对修行佛法起正面的好作用的有形质的事物，都可以称为"法器"。例如，能修行佛法成道的人，可称法器。再有，寺院中用于各种佛事的器物，以及七众所用的修道用具，也都称为法器，前者如庄严具和供器、鸣器等都是，后者如念珠、钵、锡杖等都是。

作为法器中之一种，鸣器又可大致区分为报时器和呗器两类。它们之间的划分并不严格，具体到其中某些器物，如钟、鼓、磬、木鱼等，两方面全用。可是某些器物，如铃、铙等和乐器，就只能作呗器用了。所以，总的说来，呗器比报时器多。这一节综括介绍鸣器。

呗，是梵文Pāthaka的音译简称，音译全称是"呗匿"，还有译作"婆陟""婆师"的，意译为"赞叹"。南亚次大陆原始佛教中习用这个词，它指的是在讽诵经文时与曲调相配合，可以称之为梵文吟唱的法曲，所以称为梵呗。它吟诵的多为以南亚次大陆押韵的诗体写作的"偈（读作jì）颂"，内容除了敷衍经文以外，就是赞颂佛德，所以又称为"呗赞"。

在此要做一点说明的是，古代南亚次大陆很讲究吟诵之学。他们发展了一种集研究文字、语法和音韵于一体的学术，梵文称为Śabdavidyā，汉文音译为"摄拖苾驮"，意译则是"声明"。它是古代南亚次大陆称为"五明"的五大学术之一。声明中特别讲求诗韵和吟诵之学，此学通过佛教传入中国以后，对中国汉语音韵学的建立，对汉语文学史中押韵的诗文如格律诗和骈体文的创始与发展，都产生了重大影响。但这是另当别论的事了。我们在这里要说的则是，在声明的应用中，有专论乐声曲调歌咏之法的，具体运用到讽诵偈颂之中，在佛教教义中也可称为声明。它是一种在吟诵中实用的声明，大致和梵呗的实用性内涵相同。中国人接受的声明，实际上就是这种佛教化的声明。当然，这种实用的吟诵法，在古代南亚次大陆的吠陀时代便已流行，婆罗门教便用此法歌咏。佛教曾广泛地借鉴了同时的其他教派的种种做法，用声明于梵呗就是借鉴来的一种手法。可是，有的经典说，释迦牟尼佛虽然允许僧人作声呗，可是不许按婆罗门的歌咏之法引声诵经，换言之，也就是不许原样照搬，总得有所变化。

这一点，汉化佛教倒是从一开始就做到了。因为汉文和梵文这两种语言和文字的结构相差太远，按《高僧传》卷十三中所说："梵音重复，汉语单奇。若用梵音以咏汉语，则声繁而偈迫；若用汉曲以咏梵文，则韵短而辞长。是故金言有译，梵响无授。"也就是无法照搬。所以，梵呗之法虽早已传入，中国人还得自行创造。《出三藏记集》卷十二"法苑杂缘原始集目录"中，载有"陈思王（曹植）感渔山梵声制呗记""支谦制连句梵呗记"等目，就反映了早期汉化佛教在这方面的持续努力。《高僧传》卷十三讲述了有关的早期兴起和发展的情况，其中，最早和最著名的传说，是曹植游鱼山（又作渔山或吾山，在今山东东阿县西）造梵呗的故事。相传曹植在幽谷间听到诵经的声音，清婉遒亮，远谷流响。就模拟其声，"删治《瑞应本起》，以为学者之宗。传声则三千有余，在契则四十有二"。因而中国的梵呗又称为"渔梵"或"渔呗"。在我们看来，从一开始就如此制出的渔呗，肯定是把当时中国的音律往经文上套。再经后代不断变化，特别

僧人动用鸣器做法事（放焰口）

是隋唐之际，大量接受西域传来的胡乐，更可往吟诵之法上套一些，就使渔呗成为中国人借鉴中外、不断自主创造的东西了。至于汉化佛教中用的呗器，则更是借鉴中外，并随时代的前进而不断变化。下面所述，以现当代的汉化佛教呗器为主。

汉化佛教的梵呗，主要用在三种仪式之中。一种是朝暮课诵，俗称早课和晚课，古代也包括六时行道的课诵在内；另一种是在讲经中使用；再一种则是在做道场之中使用，俗称做佛事或做法事,其中包括放焰口和做水陆道场等[①]。一般认为,僧人学习吟诵梵呗可有如下的功德,即,受到经文的教育,体会到佛法广大深远;熟悉经文的前后次第;舌根清净,增加肺活量导致胸藏开通,长命无病;在群众中学习语言和演唱,因而在大庭广众中应对有方而不会惊惶失措。所以,僧人必须学会这一技能,俗称"学唱念"。特别在夏安居[②]时,要作为一种日课来学习,平时也得随时抓紧练习。其方法,以往全凭口授;记谱用"点板";当代已有中国佛教文化研究所等单位逐步采用简谱以至五线谱记谱。使用这种新的记谱方法,看来是正确的,应该发展和普及的。

至于呗器,也可略依上述三种仪式的次第,做大致叙述。

朝暮课诵所用的呗器是最基本的,种类也最少。除了我们在以下各节要重点讲述的钟、鼓、磬等以外,早晚课行仪时僧人手执的法器大致是:

引磬,它像是一根木棍顶上安着一个小铃,用另一根小棍敲击。执引磬的方法是,手平于胸,左手执引磬棍下端,

[①] 焰口是一种最基本的佛教法事,水陆道场则是一种最复杂的佛教法事。有关的较详细的解说,请参阅拙作《佛光的折射》(香港中华书局1988年版)。

[②] 古代南亚次大陆夏季多雨,故佛祖制定雨季三个月中僧人集中于寺院不外出,诵经学戒,称为"夏安居"。汉化佛教以农历四月十五日至七月十五日为夏安居(据《四分律》)。

右手抱住左手；这时，磬的头部即带有"小铃"的部分正对口部。敲击用的小棍与安磬的木棍并在一起执持，而在身体外的一方。这种执持方法，俗称"对口引磬"。打引磬，则可用两种手法中之一种。一种是，用左手执持右手执小棍敲击，技巧性不高，水平低的多用此种方法。另一种则是保持执持时两手合抱原状，用右手食指与大指向上勾击，要求使用者有较高的技巧。

木鱼，有放置在台座上的大木鱼和手执的小木鱼两种，虽然大小差别很大，但形状相同。大木鱼在下面的章节中要重点讲到，这里只讲讲小木鱼。它的执持方法是：双手当胸平捧，称为"捧心鱼子"。打木鱼的鱼椎放在木鱼之外（不用时是可以把椎柄底部向下插在木鱼口中的，但正规的安置法是放在木鱼右侧），尖头水滴形的椎头向左。双手食指与大指夹住鱼椎，其余六指托住木鱼。敲击时左手执鱼，右手执椎，都是用大指、中指、食指（这一指仅起辅助作用）拿住。木鱼鱼口向上，与肩部略平。鱼椎头和木鱼头相对。

铛子的样子是：下面有一个把柄，把柄上镶有一个大圈，圈上勾挂一面铜锣形状的凹凸铜响器。凹面为反面，凸面为正面。用一根平头棋子形椎头的铛椎敲击。执持方法是：铛子与铛椎一并执于左手，铛椎在外，铛子反面向外。右手抱住左手。双手平胸，铛子的顶部齐口。敲击时，左手五指执铛子，正面对准自己的脸，犹如照镜一般，所以称为

"照面铛子"。右手大指、食指、中指一起执住铛椎,敲击铛子正面。

铪（读作hā）子是两面小铜锣,比伸展开的人手略大一些。执持的方法是：两手合持,两大指与食指压在扣合的铪子上面,其余六指托在下面,平胸。所以称为"平胸铪子"。敲击时,左手五指抓托,右手五指抓铪头扣击。要求扣击时上下铪子边相差几分,那样,声音比较响亮。附带说一句,凡铜质响器,均用中国特制的"响铜"制成。此种制铜和制造响器的技术为中国传统手工艺,日本和东南亚一带地区寺院采购响器,都得到中国来。

手鼓,又称法鼓,是一种扁平圆形的鼓,大小与铪子相仿。鼓椎是一根木棍。执持的方法是：两手捧持,平胸。鼓椎横在鼓外。两食指将椎和鼓扣在一起,中指托住,其余六指托在下面。这种姿势称为"捧月手鼓"。敲击时,左手大指、中指托鼓,食指衬托,平胸,右手大指、食指、中指执椎,从外向内击鼓。

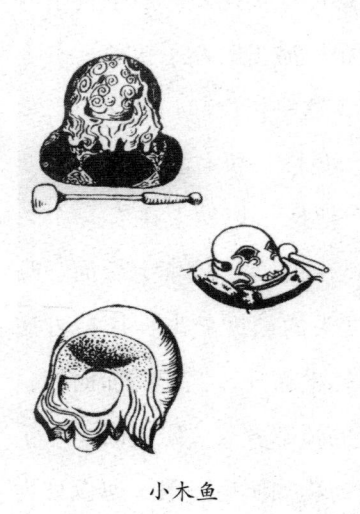

以上各种呗器,再加上安置在台座上的大磬、大木鱼、大法鼓,以及大钟等,便构

小木鱼

僧人在大殿中击磬

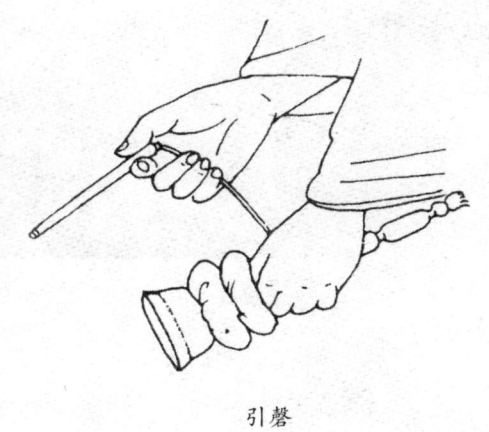

引磬

一堂呗器

成了法会上的一堂呗器。放焰口时,还有另加大钹等大型响器的。放焰口的僧人中,为首的大法师担任"放正",头戴"五佛冠",是为金刚上师,算是佛的化身。他左手执手柄香炉,右手执金刚铃。铃的手柄是金刚杵形,故称金刚铃。

在更加世俗化的"音乐焰口"中,还吹奏各种乐器。各寺院各有长久的传统,如"北京智化寺音乐"等著名乐队,都有自己的专用传统乐器,与中国古代民间或宫廷音乐有着千丝万缕的联系,有的堪称中国古代音乐活化石。一般音乐焰口中,常用的乐器是笙、管、笛这三件。在当代国内,这种乐队除了在大型法事如焰口、水陆法会中演奏外,已经可以单独开音乐会,为中外人士演奏,还有应邀到国外去的。这就使之更加世俗化了,当然,同时也扩大了影响。以上仅就音乐演奏而言。佛教内部对这种带有取悦世俗倾向的做法,虽然不见得十二分赞成,至少也没有公开反对。至于加上演唱佛教歌曲的音乐会,听说天津有过尝试,不知其详。笔者以为,根据演唱的内容,可以区别对待。不过,像放焰口那样的整套内容,据笔者的看法,是只能在寺院的法事中使用的。

(二)夜半钟声

南亚次大陆早期佛教寺院中,为集合僧众而使用的一

白化文文集

鼓

大殿中的僧人同时击木鱼和磬

种响器，据说是木制的，用一根木棍敲击。它的梵文名称叫Ghantā，意译为"打木"，还是接近原意的。音译有"犍椎""犍稚""犍迟""犍地""犍槌"等。打击犍椎以集众，梵文叫pīta-ghantika，音译"臂吒犍槌"，pīta也意译为"打"，合起来就是"打犍槌"。如《增一阿含经》卷二十四所载，当七月十五日"受岁日"（南亚次大陆僧人修满90天的夏安居而增长法腊一岁的那一天，汉化佛教亦遵行之）清晨，释迦牟尼佛示告阿难，叫他在露地上快打犍槌，召集大众。这是一个例子。佛教经由西域等地入中国，一路上就手接收了一些打击乐器和响器，再加上中国固有的钟鼓等等，丰富了自己的法器。可是梵文只有ghantā这一个词儿，于是，在佛经的意译译文中，把它译成钟、鼓、铙、铃等器物的都有。这就反映出，汉化佛教的法器相当齐全，而且大部分是自己置备的。以下我们介绍"钟"。

钟是中国的传统打击乐器。中国钟的特点是，从钟

金刚铃

佛教法会

外用木椎等撞击，钟本身不怎么动；而不像大部分的西方钟那样，钟内有长长的钟舌，拉动钟和舌，这二者在晃动中接触发声。

经过不断的发展，近现代汉化佛教寺院中的钟，基本上定型为大钟和小钟两种。

大钟一般悬于钟楼内。个体较大，大致说来，起码也得有1.5米左右高，直径约为高度的一半。铜铸、铁铸的都有，以铜铸的为多，重的常在万斤以上。典型的如：现存北京觉生寺（俗称"大钟寺"）的"永乐大钟"，是一口高

6.75米，外直径3.30米，重达46.5吨左右的大铜钟。山西五台山显通寺的一口自铭为"幽冥钟"的大铜钟，重量是9999.5斤。还有，五台山望海寺的大铁钟一口，可称铁钟的代表作。这三口钟都是明代所铸。

大钟有几个别名：一名"梵钟"，取其为清净梵刹之钟的意思；一名"洪钟"，乃是中国古代对"声振而远"的大钟的一种美称，其使用范围不限于佛寺之钟；又称"钓钟"，称"撞钟"，则用其钓（通"吊"，悬挂）起在钟架之上及撞击之义；还有一名是"鲸钟"，可就有典故了：据北宋释善卿所编的《祖庭事苑》卷四引《物类相感志》（此书托为苏轼所撰）说，海边有一种野兽，名叫"蒲牢"，常在岸边找食吃。它很怕鲸，鲸从水里往空中一蹦，蒲牢远远看见，就吓得直叫，叫声好似钟声。于是，人们就把蒲牢的形象铸在钟上，把撞钟的棰做成鱼形以象征鲸。在这则故事里，鲸本来是没有叫的，可是人们却把由它引起的叫声称为"鲸音"，大钟也就别名"鲸钟"了。

大钟悬挂在钟楼里。钟楼又名钟堂、钟台、钓钟堂。在宋代以下的寺院中，殿堂的安排逐渐定型为：在山门和天王殿之间为一个小院，院中左立钟楼，右立鼓楼。也就是说，如按面南背北方向，则东钟西鼓。可是，在唐末五代，寺院中还没有鼓楼，和钟楼对立的是经楼，那是存放佛经的地方。据晚唐段成式所著《酉阳杂俎》的"寺塔记上"内"平康坊菩萨寺"一条中说:"寺之制度,钟楼在东。唯此寺缘李右座林甫宅在东,故建钟楼于西。"敦煌壁画中所见,第91窟南壁盛唐《观无量寿经》变相画中的寺院,左经楼右钟楼;第85窟北壁晚唐《药师经》变相画中的寺院,则左钟楼右经楼。

小钟是不悬挂在钟楼内而置于别处的钟的统称。在佛寺中,悬挂在钟楼上的钟最大,相对于大钟来说,挂在别处的钟都小,故统称小钟;它们大致只有大钟的一半大,故称"半钟"。常见的是悬挂在大雄宝殿内的,一般在左侧,即东侧,也有在东西两侧各悬一钟的,一个大些,一个小些。它常用来击鸣报知法会等佛事将要开始,所以也称"行事钟"。此外还有两种小钟。一种是

钟

北京觉生寺永乐大钟

悬挂在方丈门外的，禅宗寺院所用，由侍者击鸣，传呼学人单独入内参学。现在已经少见了。它特称"唤钟"；另一种是悬挂在库檐下的小钟，在招呼僧人用饭时击鸣，所以又叫"饭钟"。由于唐代的王播写过前后两首"饭后钟"的诗，因而使饭钟的名声大振，有些随喜者进入寺院就寻觅饭钟。实际上，近代以下的寺院中，用来召唤僧人用斋饭的是长长的鱼身形的木鱼；在现当代的寺院中，就连这种木鱼也成了摆设，大家都有手表，按时作业了。行事钟和饭钟也可统称为唤钟，因为它们都是唤人用的。又，行事钟中，悬挂于佛殿内的特称殿钟，僧堂内的特称僧堂钟，法堂内的特称法堂钟，均按其所在地点称呼。

小钟主要为传呼所用，除饭钟外，不一定每天按一定时刻击鸣。大钟却是要每天定时击鸣的。一般是在一早一晚。近现代的寺院中，早晚鸣钟是和击鼓合在一起的。清晨先鸣钟后击鼓，傍晚先击鼓后鸣钟，是为"暮鼓晨钟"。按，"暮鼓晨钟"现在已经成为成语，形容发人深省。看来其效果的确很大，诗僧曼殊上人有句："况是异乡兼日暮，疏钟红叶坠相思。"

寺院朝暮鸣钟以108下为准，象征破除"百八烦恼"，故称为"百八钟"。一般由专门负责这项工作的僧人（称为"钟头"）来做。据《百丈清规》所述，其鸣击手法是：引持钟杵宜缓，击钟扬声宜长；分三通，各36杵，起止三杵稍

宁波天童寺钟楼

紧。这三通又名"三转"。

另有一种"半夜钟",系于后半夜时鸣击,又称"幽冥钟",是为了救拔地狱亡灵而夜作。这是根据《增一阿含经》中所说,若打钟时,愿一切恶道诸苦并皆停止;若闻钟声,兼说佛咒,得除五百亿劫生死重罪。《续高僧传》卷三十载有一则著名的"释智兴夜半鸣钟感应缘"故事,说的是:隋朝大业年间,禅定寺僧人智兴自愿按照上述经典的教导,坚持寒天露手夜半鸣钟,发声响彻地狱,许多受苦者同时解脱。此外,还有梁武帝和南唐先主感应地狱中事而造钟

小钟

息苦的故事等。可见，鸣钟，特别是夜半鸣幽冥钟，是和救拔地狱中的苦难相联系的。这就让我们想起生活在盛唐到中唐之间的诗人张继那一首著名的《枫桥夜泊》来：

月落乌啼霜满天，江枫渔火对愁眠；
姑苏城外寒山寺，夜半钟声到客船。

此诗中至少有两点常被一般读者忽略。一点是："寒山寺"究竟是不是寺名专称？已经有许多文献证明，并有一些论文指出——笔者所见，最新的一篇是连晓鸣、周琦二君所写的《试论寒山子的生活年代》，载于《东南文化》1994

年第2期,请参看。总之,"寒山寺"在张继写诗的时候还没有这个寺名专称。"寒山"泛指秋天清冷的山色,唐人诗中屡见,如王维诗中今见五次,李白诗中出现六次,杜甫八次,都是这种用法。再一点是:"夜半钟声"有没有?如果有,它为何鸣钟?北宋欧阳修曾经提出"三更不是撞钟时"的问题,已经有许多人解答了,说是有。但是,为何夜半鸣钟呢?准我们以上所述,鸣的就是幽冥钟。诗中意境,看来极为凄凉:月亮落下去了,显现出的是黎明前的黑暗;向来被中国人认为不吉利的乌鸦叫起来,满天秋霜,清冷异常;江岸边长满红色霜叶的枫树在朦胧夜色中显得更黑,加深了周围环境的黑暗色彩;只有那为了在夜间聚拢鱼群而点燃的星星渔火,还使人觉得在明暗的对比中有些人间气息;游子愁绪万千,正在打瞌睡;这时,旧国古城外,苍郁的山色背景中,寺院里沉郁悲凉的钟声远远地传到客船上来;这时,诗人想到的是什么?料想他不会不想到幽冥和阴阳两界,他怎能不想到故去的亲朋!他亦会想到自己的茫茫前路。勾起这千思万绪的,就是那夜半钟声!

(三)清磬几僧邻

本节题目,是引用的唐代诗人姚合《过钦上人院》诗中一句。全诗见《全唐诗》第五〇〇卷,有兴趣的读者请自

寒山寺

行检寻。这句诗说明了"磬"和僧人的密切关系：僧人时时在敲磬，以至于一听见磬声，就联想到僧人，联想到僧人诵经。现代的寺院中，磬也是主要的法器之一。"钟磬"并举以概括佛教的呗器，自古已然如此。还是举唐代诗人常建《题破山寺后禅院》（见《全唐诗》卷一四四）中名句以证之："万籁此都寂，但余钟磬音。"《金瓶梅》第五十七回中，用"典了磬"和"典了钟"来说明僧人穷到极点，真是入木三分。众所周知，"相如渴甚兼贫甚，只典征裘不典琴！"（清代诗人黄景仁句）做看家本领用的宝贝是不能离手的呀！

凡入寺随喜过的人都认识寺院里用的磬——俗称"碗口磬"的便是。说到此，似乎介绍已毕。可是，若深入推究起来，至少有好几个问题需要搞清楚——而且需要从历史上和现实中搞清楚。必须说明的是，笔者认为，根据现有资料，有些还搞不清楚。

先说，中国古代的磬，是"八音"中为首的乐器。"钟磬"并称，为"金石"二乐之首，高居于其他乐器之上。这种磬可是那玉石质的，扁片状曲尺形的，悬挂在架子上的一种打击乐器。古人把大弯腰致敬的身体曲折状态称为"磬折"，就很形象地说明了磬的形态。这种磬才是中国磬的正宗，至今还是中国民族传统音乐乐器的主力之一。它的品种很多，可分单独和成组悬挂使用的两大类。

我们在前面已经说过，南亚次大陆早期佛教使用的打击发音法器一概叫做"犍椎"或"犍稚"，那都是梵文Ghantā的音译。按汉文本《五分律》中所述，南亚次大陆古代佛教似乎并没有固定的响器，遇集众时，随手抄起瓦器、木器、铜器、铁器之类，总之是抄起什么就敲什么，敲的东西全可以叫"犍椎"。所以，"犍椎"既可以意译为"钟"，也可以意译为"磬"。由于中国人的乐器多，在译为"磬"的时候，就会自然而然地拿出中国磬来作代表。从南北朝到唐朝，佛寺里使用的磬，恐怕都是这类中国式悬挂着的扁片磬。现有书证：（1）《法苑珠林》所载"刘萨诃"的故事中有"中悬铜磬"的记载；（2）唐代诗人卢纶有《慈恩寺石磬歌》；（3）唐代诗人施肩吾《安吉天宁寺闻磬》一诗

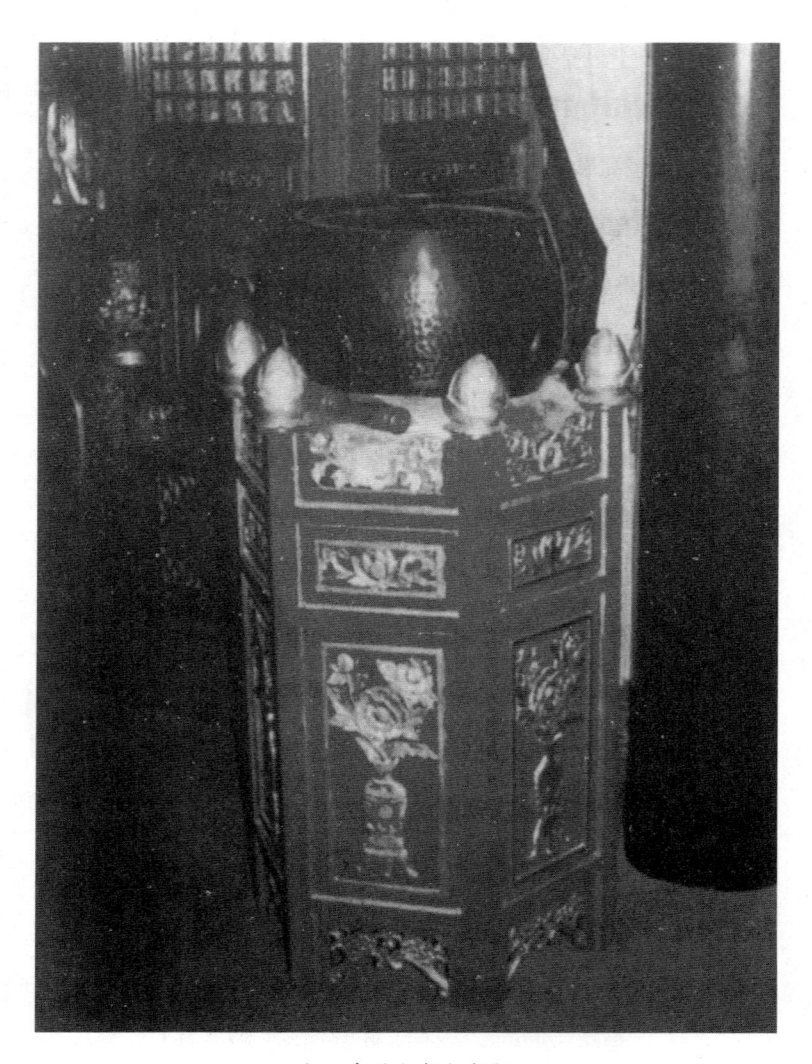

大殿中的大磬与磬槌

中有"玉磬敲时清夜分"之句；（4）唐代段成式的《酉阳杂俎》中载："历城县光政寺有石磬，形如半月"。物证则有日本入唐僧人带回国的晚唐时期的方磬等实物，有点像是中国后来流行的编磬或方响之类。可能是12世纪时所绘的《信西入道古乐图》中，就有这样的"方磬"图。据说，还有单个儿的云朵形、莲花形、蝴蝶形的磬。那些磬，就和现在还常常悬挂在寺院中的云版有点类似了。

准此，我们有理由认为，南北朝到唐朝，寺院中使用的磬还是中国传统的扁磬。而现在寺院中使用的圆磬，大约是在五代至北宋年间才出现的。书证则有：（1）北宋宋祁《宋景文公笔记》卷上有一则："乐，石有磬。今浮屠持铜钵，亦名磬。世人不识乐石，而儒者不晓'磬折'义，故不独不识磬，又不能知钵。"（2）南宋初范成大《范村梅谱》上讲到蜡梅时说："经接，花疏，虽盛开，花常半含，名磬口梅。言似僧磬之口也。"（3）陆游《冬朝》诗："圣贤虽远《诗》《书》在，殊胜邻翁击磬声。"自注："释氏谓铜钵为磬。"

从这三则可知，北宋时已有铜钵形状的僧人专用的磬；南宋时则已普遍流行，清信士居家念佛时也在使用，以致引起儒家学者陆游的不满啦。再把创制时间上推一段，上限到唐末，那么，把圆磬说成是五代时始创的，大致不会差得太远。至于它的创制因由，笔者倒有一个大胆的推论：僧人的终生饭碗——钵，一般是铜制的。汉化佛教僧人念经时，原来用的也是扁磬。后来，有些僧人沿门托钵念经或口宣佛号化缘时，仿效俗人在饭馆里用筷子敲饭碗边催上饭的办法，敲起钵来。再发展到正规念经时也敲，进一步就创制出专用的大小圆磬。慢慢地，在课诵和做法事时，圆磬就代替了扁磬了。

在现代的寺院里，大致使用三种磬：

一种就是钵形的圆磬。铜质的居多，也有铁质的。它有大有小。大的圆磬口径不少于60厘米，有木架支托，用磬槌敲击，常置于大殿供桌左侧（佛像左手一侧），位于木鱼之前。据《敕修百丈清规》卷八所载，鸣磬的场合和执行者是："大殿早暮住持、知事行香时，大众看诵经咒时，直殿者鸣之。唱衣（拍卖亡僧遗物）时，维那鸣之。行者披剃时，作梵奢黎鸣之。"还有能放在桌子上的小圆磬，直径一般在30厘米以下，下面垫有常为扁圈状的磬座，乃是做法事时（如放焰口荐亡）法师所用。综上可知，大小圆磬常用于正规的、严肃的场合，僧人单独诵经时用来击节的已经少见了。

另一种称为"手磬"，一般是铜质的，形状像半个小皮球底部中央连着一根木柄。使用时，左手持柄在下，磬口朝上，右手持铜头或铁头的细长木桴敲击。《敕修百丈清规》卷八又载："小手磬：堂司行者常随身，遇众讽诵鸣之，为

汉化佛教法器与服饰

圆磬

起止之节。"它还有一个名字叫"引磬",据说是在方丈或高僧出堂、升座、说法时做引导用。在《水浒传》第九十回"五台山宋江参禅"中对其使用有具体描绘:"且说次日库司办斋完备,五台寺中法堂上,鸣钟击鼓。智真长老会集众僧,于法堂上讲法参禅。须臾,合寺众僧都披袈裟、坐具,到于法堂中坐下。宋江、鲁智深并众头领立于两边。引磬响处,两碗红纱灯笼引长老上升法座。"现代的寺院中,做法事时(如放焰口)法师亦用之。

再一种是云版形的扁磬,常为石质或金属制成,悬挂在方丈院门廊外,做通报之用。其实它就是一块专用的云版。敲几下报告什么事是有规定的,如,有客来见,知客僧鸣三下;报丧则鸣四下。这种器具及其用法,可能还是从俗家贵族那里学来的。帝王公侯之家用之颇早,流行也很久。《红楼梦》第十三回中,写到秦可卿之死时,有云:"只听二门上传事云版连叩四下,正是丧音,将凤姐惊醒。人回:'东府蓉大奶奶没了!'"

古代僧人用传统的扁磬,还赋予它一种用途,就是"打无常磬"。《释氏要览》卷下讲,为将终的僧人要"打无常磬":"未终时常打磬,令其闻声,发其善思,得生善处。智者大师临终时语维那曰:'人命终时得闻磬声,增其正念。唯长唯久,勿令声绝,以气尽为期。'"这种做法由来已久。南朝梁宝唱撰《比丘尼传》卷二,记载了善妙尼自焚之时还不忘请维那打磬,就是一例。后来西方净土之说盛行,七众往生时就用大众助念佛号的办法了。

最后,我们还是回到本文的题目"清磬几僧邻"上来。有必要提请阅读古代作品的读者加强注意:唐代和唐以前诗文中写到的磬,包括本节题目中的磬,全是那传统的磬。捎

云版

带提一下，道家也敲磬。例如，唐代诗人项斯《送宫人入道》诗（载于《全唐诗》第五五四卷）："将敲碧落新斋磬，却进昭阳旧赐筝。"说的就是这番光景喽。那也是中国传统的磬。唐代以后诗文中写到的寺院用的磬，可大都指的是钵形磬以及手磬啦。幸勿产生历史的误会。不过，圆磬和手磬都是汉化佛教创制的法器，那可是无疑的呀！

（四）木鱼和木鱼的传说

到寺院随喜的人会注意到，从寺内的"法物流通处"到寺外相关的商店、摊贩，售卖的小型法器、道具等，主要是香炉、烛台、花瓶（合称"三具足"），以及念珠和木鱼。其中，小型的木鱼几乎成为呗器（讽诵经文等用的发出音响的器具）的代表，钟、鼓之类的大型乐器和其他铜质乐器如铛子、磬、铃等，反而少见。推其原因，恐怕一因木鱼形制可大可小，不像钟鼓乃庙堂之器，体形重大，非常人可享。二因为木质，较铜质器物价格低廉。第三，也是最重要的一点，它是礼佛诵经时调和音节用的。只要诵经念佛，随时随地可用。还可以单独使用，不一定非得和其他呗器配合不可。反过来说呢，正规上殿做功课和做法事，别的呗器可非和它配合不行。可以说，木鱼是呗器中的代表，一种由汉化佛教创制并为佛教独有的专用的法器。

汉化佛教寺院中使用的木鱼，明显地分为两种。一种就是我们上面提到的那种：造型大略如一个塌向一边的馒头，略高的一头挖出一个大青蛙嘴来，矮的一头则刻成浅浮雕两条鱼或两条龙共衔一珠而尾部刻在木鱼身中间。它的主要用途是为诵经时调和音节。还有一种是鱼形（或龙头鱼身），悬挂在斋堂或库房门外，集众所用。以其形制、发音与民间响器"梆"相似，故俗称"鱼梆"；以其常用于斋饭时扣击，故俗称"饭梆"。这两种木鱼的起源都相当早，大约在隋唐时期已经风行于寺院之中了。唐人诗篇中迭见歌咏。如，《雪峰义存禅师语录》（《续藏经》甲编第二编第二十五套第五册）卷下有《木鱼鼓颂》两首，举以为例：

其一

我暂作鱼鼓，悬头为众苦。

师僧吃茶饭，拈槌打我肚。

身虽披鳞甲，心中一物无。

鸬鹚横溪望，我誓不入湖。

其二

可怜鱼鼓子，天生从地养。

粥饭不能餐，空肚作音响。

时时惊僧睡，懒者烦恼长。

住持闹喧喧，不如打游漾。

斋堂前的木鱼（梆）和斋磬

从这两首诗中，我们知道了：木鱼又名"鱼鼓"，或者加后缀称"鱼鼓子"。击之为僧人吃斋饭的集合号令。诗中还特别点出清晨击鱼鼓，想来是和早课、早斋有关。后来，大名鼎鼎的苏东坡也在诗中有所反映：

板阁独眠惊旅枕，木鱼晓动随僧粥。

（《宿蟠桃寺》）

> 木鱼呼粥亮且清,不闻人声闻屦声。
>
> （《宿海会寺》）

苏东坡此二诗中所指,大约都是唤早斋的木鱼声。参以前引义存两诗中所描写的,他们两位所讲的是悬挂在斋堂前的鱼形的木鱼。

至于诵经用的木鱼,唐宋人诗中也多有反映,如:

> 鱼梵空山静,纱灯古殿深。
>
> （唐·严维《宿法华寺》）
>
> 松日明金像,山风响木鱼。
>
> （唐·司空图《上陌梯寺怀旧僧》）
>
> 更到西禅何所问,隔墙鱼鼓正登登。
>
> （宋·苏辙《上元夜适劝至西禅观灯》）

他们讲的都是诵经、做法事时的木鱼声声。苏辙还是靠着听到夜间做法事的木鱼声,确认"隔墙"就是佛寺的。那独特的木鱼声,的确是指引人们走向佛寺的传播佛法之声!

值得注意的是,在古代,或者说有明确记载的宋代以来,诵经的木鱼还有两项用途。

一种用途是清晨报晓。据《东京梦华录》卷三记载:"每日交五更,诸寺院行者打铁牌子或木鱼,循门报晓。"

这种用途，在《水浒传》内"石秀智杀裴如海"一回中，被歪曲地发展使用了。那是玷污佛门之事，在这里不引也罢。

另一种用途是外出化缘时用。《清平山堂话本》内的"快嘴李翠莲记"中有云："剃了头发作师姑，身披直裰挂葫芦。手中拿个大木鱼，白日沿门化饭吃，黄昏寺里称念佛祖念南无。吃斋把素用工夫，头儿剃得光光的，那个不叫一声小师姑！"刻画颇为生动。还有《红楼梦》第二十五回"通灵玉蒙蔽遇双真"中，宝玉逢五鬼中了魔法，奄奄一息时，"忽听见空中隐隐有木鱼声，念了一句：'南无解冤解结菩萨！''有那人口不利，家宅不安，中祟逢邪的，我们善医治！'贾母王夫人便命人向街上找寻去。原来是一个癞和尚同一个跛道士。"这又是一种特殊的在化缘中使用木鱼的例子了。

木鱼是汉化佛教创造并推广使用的法器，盖无疑义。但是，它创始于何时，其形制又何所取义，却尚无定论。

据日本入宋求法高僧成寻《参天台五台山记》卷三"延久四年八月八日"条中所记："……午时，到著剡县——从新昌县三十五里至剡县也。即谒崇班知县，乞安下所。即安下实性院——本名清泰寺。有傅大士影，礼拜烧香。院主智深长老云：'诸寺打木鱼鼓集行者，是以傅大士为根本。大士觅嵩头陀时打鱼鼓，头陀即应鼓音来。自尔以来，天下大小寺院为集大众打木鱼鼓'，云云。"按：延久四年，当宋神宗熙宁五年；此年八月八日，合公历1072年9月22日。傅大士就是南北朝时著名的居士首领傅翕（497—569年）。他在沂水"取鱼"时，遇胡僧嵩头陀（名达摩）而悟道。

成寻所记只是一则口头传说，缺少史料佐证。另有隋朝志林和尚创制一说，也缺少旁证。

有关鱼形木鱼的倒有一条俗家史料，即明代刘若愚《酌中志》中"内府衙门职掌"所记，在内府供用库系统中，"有油蜡等库，厅前悬一木鱼，长可三尺许，以示有余粮之意"。看来，此种悬挂在门前廊下的长条鱼形木鱼，还带有民俗学中所说的"祈福禳灾"作用。僧俗通用，固然用途有别，溯其本源，恐怕也如汉文《大藏经》和中国古代商店的"登录号"，都按《千字文》排号做序列记录一样，始作俑者究竟是僧是俗，已经很难稽考了。

僧家另有一种传说，据说出自经文，可是笔者没有查到出处。只可据古代僧人辑录的《教苑清规》中所载，敷衍一番。说的是，有一位僧人违背师言，毁败佛法，转生为一条大鱼，鱼背上还长着一棵树。风涛摇摆鱼身，树根摇晃，鱼身出血，痛苦非常。一天，他前生的本师渡海，这条鱼就想谋害老师，并且说："上辈子你不好好教我，以致我现在变成这般模样。我非报复不可！"老师问明白了鱼的前生姓名，就教他忏悔。又给他办水陆道场，作荐拔。夜里，老师梦见此鱼来见，说："我已经解脱了。现在把我身上的树舍到寺里，让它也亲近三宝。"老师果然找到了那棵树，于是把树身雕刻成鱼形，悬挂起来，作为警众之用。按，佛经中有关"徒弟不受教堕入畜生身，要害老师，后来忏悔"的故事是有一些，这则故事当是据之生发而来。

此外，据类书所引北宋刘斧《摭遗》的遗文，有一条说："僧舍木鱼者，鱼昼夜不合目，修行者忘寐悟道。鱼可化龙，凡可入圣。"虽不知其出于何典，但却是牵合着汉族的文化与民俗，把木鱼的取义，包括长条形木鱼为什么有的雕刻成龙首鱼身的取义，圆形木鱼为什么有的雕刻成双龙衔珠形的取义，"言之有物，持之成理"地阐释了一番。我们宁可取此一说罢。

《付法藏因缘传》六卷，北魏延兴二年（472年），西域三藏吉迦夜和北魏僧正昙曜译出，刘孝标笔受。这部经内容与《阿育王传》近似之处甚多，有人怀疑此经出于口传，不是从固有的梵文经本译出的。可是，此经却保存了许多南亚次大陆的神话传说。

此经卷三载有一则著名的"鱼腹儿"故事，大意是：有一位名叫薄拘罗（Bakkula）的人，生于南亚次大陆婆罗门家庭。其母早逝，后母视其为眼中钉，多次（许多经典说是五次）谋杀他。有一次，后母把他扔进河里，一条大鱼把他给吞了。大鱼被渔夫捕捞，入市售卖。薄拘罗的父亲买了这条鱼。拿刀剖鱼时，薄拘罗在鱼腹中唱言："愿父安详，勿令

大殿中的大木鱼

伤儿！"他的父亲就剖开鱼腹，把孩子抱了出来。经历种种磨难后，薄拘罗成为释迦牟尼佛的弟子，出家后无病无灾，享年160岁，世称"长寿第一"。

南亚次大陆神话传说故事的传来，大大丰富了中国的文学和民间传说宝库。两千年间中国人利用和改造了其中许多故事，有改头换面的，有攫取一部分的，总之是使之汉化，使之为我所用，最终变成中国人的东西。

清顺治十一年（1654年），中国黄檗宗的高僧隆琦（1592—1673年，号隐元）应日本僧人逸然之请，东渡扶桑。后来隆琦在日本大阐禅宗，被尊为日本黄檗宗之祖，天皇赐号"大光普照国师"。据说，木鱼就是他在日本寺院中推广的。有一则中国故事也开始在日本流行起来，说的是一位长者的小儿子落水被大鱼所吞，大家还不知道。唐三藏法师玄奘来长者家赴斋，非吃大鱼不可。等把大鱼肚子剖开，小儿子竟安全地出来了。玄奘说，大鱼为小孩儿牺牲了生命，要纪念这条鱼。于是雕刻成一条木鱼，悬挂在寺院中，以为永久纪念。这就是木鱼的起源。

这一则木鱼起源故事，显然是从薄拘罗入鱼腹的故事蜕化而来。中国人移花接木的本领实在不小。改造后的新故事，不但趣味性增强了，最后还说明了一个新问题，解释了一种器物的起源，为老故事派上了新用场。"姑妄言之姑听之，豆棚瓜架雨如丝！"

（五）汉化佛教寺院中的鼓

鼓是全世界各时代各民族都使用过的击鸣器。它用途广泛：（1）用作乐器；（2）更用来作报时器；（3）军中用以鼓舞士气、节制进退等；（4）集合群众时用之；（5）报警时用之；（6）一些民族以之作为礼器类器物，如石鼓、铜鼓。有些铜鼓还兼作贮藏钱贝之用。

鼓的种类繁多，大小、形状各异，制造原料也有金属、玉石、木与皮等等。各时代各民族所造百花齐放，多彩多姿。

佛教发源于古代南亚次大陆，那里的人，早就在各个方面使用鼓啦。且看佛经中对世俗社会上用鼓的一些记载：

> 伎儿者，打鼓，歌舞，弹琵琶，铙、铜钹，如是比：种种伎乐。
>
> （《摩诃僧祇律》卷三十三）

这里说的是：鼓是乐器之一。

> 时王即命群臣击鼓宣令。
> （《根本说一切有部毗奈耶药事》卷十三）
> 时王即唤群臣："卿今可于波罗尼斯城隍之处击鼓

宣令，作如是语：'国中所有一切人众，从今已去，但是众鸟不应伤损！'"

（《根本说一切有部毗奈耶破僧事》卷十九）

这里是把鼓作为"宣令"时集合群众用的鸣器使用，下面三例更为显豁：

即便摇铃、吹角、鸣鼓，普告城邑。
（《根本说一切有部毗奈耶杂事》卷二十三）
击鼓鸣槌，宣王教令。
（《根本说一切有部毗奈耶破僧事》卷九）
是时善行于其城内击鼓摇铃，遍告众人："我欲入海，有能去者，应办粮食装束随行……"
（《根本说一切有部毗奈耶破僧事》卷十五）

可见，击鼓是古代南亚次大陆一种公开宣告时集合群众的用具。击鼓，从古至今，在世界各地都是军乐：

时波斯匿王集四种兵，与诸大臣椎钟击鼓，欲往讨伐。
（《摩诃僧祇律》卷十八）
卜日出军：象、马、车、步四兵俱发，奋耀戈甲，椎钟鸣鼓。出室罗伐城,往劫比罗国,诛灭释种。

(《根本说一切有部毗奈耶杂事》卷八)

按,中国古代出征的情况与此有类似之处,《左传·庄公二十九年》:"凡师有钟鼓曰伐,无曰侵,轻曰袭。"《国语·晋语五》中也说:"是故伐备钟鼓,声其罪也。"乃是公开宣战。看起来,古代南亚次大陆出师也是如此。

更有作仪仗队中张扬声威之用的,古今也类似:

王闻鹿至,敕诸城内平治道路,扫洒烧香,捶钟击鼓,往迎鹿王。

(《摩诃僧祇律》卷一)

时至今日,迎接贵宾时,有时也采取由青少年鼓乐队等击鼓欢迎之法。

还有行刑时击鼓:

时有人犯王事,反缚两手,著迦毗罗华鬘,打鼓唱令诣其刑处。

(《摩诃僧祇律》卷三十二)

更有出殡时击鼓:

又见一舆，以青黄赤白缯彩严饰，而用盖之。吹螺打鼓，男女大小，多诸人众，四人共舆。复持柴火，逆前而行。复多人众，随舆而后，悲啼号哭，唱言："父，父！兄，兄！主，主！"王既见已，告诸臣曰："此是何物？……"诸臣答言："此名为死！"

（《根本说一切有部毗奈耶药事》卷十一）

佛经中所见，古代南亚次大陆世俗社会间与击鼓有关的事大略如上。释迦牟尼佛是王子出身，对这些事想必是习见的了。但是，佛经中所见，他老人家言传身教的古代南亚次大陆早期佛教中，使用鼓的时候却是不多。主要用来集合僧众，有如现代上课时打钟或按电铃一般：

时诸比丘不次第入，不次第坐，不次第食，不次第起，不次第去。有前入者，有行食时入者，有食竟入者。佛言："应唱'时至！'"唱"时至"，声不远闻。是事白佛，佛言："应打犍椎！"打犍椎已，亦不远闻。是事白佛，佛言："应打鼓！"打鼓时，在地打鼓，亦不远闻。是事白佛，佛言："在垛上打！"垛上打时，亦不远闻。佛言："应在高处打，使远处得闻。"

我们在前面讲过，释迦牟尼佛叫弟子集合时，打犍槌集众。这犍槌是梵文Ghantā的音译。我们也讲过，犍槌大约指的是木梆或金属报时器。早期佛经翻译中，可能也有把鼓译作犍槌的，但是，据研究，梵文中表达"鼓"的词语有好几个，翻译时，越来越不把Ghantā译作鼓，而把鼓和犍槌区别开来。译作鼓的，梵文中大致有三个词语：一个是Bherī（音译也作"陛哩"），这是古代南亚次大陆一种罐状的鼓；一个是Dundubhī，这是一种大型的罐形鼓；还有一个是Mrdanga，是一种小型的鼓。据西洋人说，Bherī大致相当于西方的Kettle-drurn（罐鼓），Dundubhi则为"大罐鼓"，Mrdanga则相当于西方的Tabor（小鼓）。不过在汉文佛经翻译中，这些鼓统一译成鼓，难于区别。只是在提到"大法鼓""天鼓"的时候，人们会自然而然地想到，必定指的是大鼓啊！

释迦牟尼佛对鼓的质料、击鼓的人、安置鼓的地方等细节，也做了明白的教示：

> 诸比丘布萨时不肯时集，废坐禅行道。以是白佛，佛言："应唱'时至！'若打犍槌，若打鼓，若吹蠡。"诸比丘便作金银鼓。以是白佛，佛言："应用铜、铁、瓦、木，以皮冠头。"不知谁应打，以是白佛，佛言："应使沙弥，守园人打。"彼便多打。以

是白佛，佛言："应三通打！"打竟，悬著中庭。外人来，数打；……或雨湿，不作声。以是白佛，佛言："应举屋下屏处。"有客沙弥次打，不知处，失时节。以是白佛，佛言："旧住人应打。""听蓄僧鼓、和鼓、四方僧鼓，备豫一鼓。"

（《五分律》卷十八）

补充说几句："客沙弥"指新来的原非本寺院的沙弥，"次打"是轮班挨到打鼓的差使，"不知处"是不知道准确的时间（"处"在这里义近于钟点的那一"点"），"备豫一鼓"，是说各种鼓都应有一个备份。上面引文提到的那些鼓是什么样子，咱们就不知道啦。可知的是，那时寺院中备有不同式样不同用途的多种鼓。佛在这里的教示，是要把鼓安置在有屋顶的房子之内，以防天阴雨湿，鼓声不起。这一点，后来的汉化佛教寺院是严格地执行了。

前面我们讲到，释迦牟尼佛亲自指导比丘击鼓集众，这样做，主要是为了统一学习时间，正如现在上课按电铃一般。佛经中所见，再有，就是召集僧众吃饭啦：

阿难！汝更听此祇陀园中：食办，击鼓；众集，撞钟。钟鼓音声，前后相续。

（《大佛顶首楞严经》卷五）

佛教还有"天鼓"之说,具体指的是安置在忉利天善法堂内的一个大鼓,又用来指称诸天天人所持的鼓,那就不止一个了。

诸天有三时鼓:

诸天、阿修罗共战时,打第一鼓;俱毗罗园众花开敷时,打第二鼓;集善法堂听善法时,打第三鼓。

(《摩诃僧祇律》卷一)

古代南亚次大陆早期佛教使用鼓的情况大致如上所述。释迦牟尼佛入灭后,居士中的有财有势者,如帝王、贵族等,在修行、听法、供奉时,有时也兼用世俗的仪式:

(乌苌国)国王精进:菜食长斋,晨夜礼佛,击鼓吹贝,琵琶、箜篌、笙、箫备有。日中已后,始治国事。

(《洛阳伽蓝记》卷五引《宋云行记》)

时戒日王将还曲女城设法会也,从数十万众,在羯伽河南岸;拘摩罗王从数万之众,居北岸。分河中流,水陆并进。二王导引,四兵严卫。或泛舟,或乘象。击鼓鸣螺，拊弦奏管。经九十日，至曲女城。……佛像前后各百大象，乐人以乘，鼓奏音乐……

(《大唐西域记》卷五)

值得注意的是，唐代的义净所见，著名的古代南亚次大陆"佛教大学"那烂陀寺和其他大寺，已经"于寺上阁鸣鼓警众"报时：

又复西国大寺皆有漏水，并是积代君王之所奉施，并给漏子，为众警时。下以铜盆盛水，上乃铜碗浮内。其碗薄妙，可受二升。孔在下穿，水便上涌，细若针许，量时准宜。碗水既尽，沉即打鼓。始从平旦，一碗沉，打鼓一下；两碗沉，两下；三碗，三下；四碗，四下。然后吹螺两声，更别打一下，名为一时也。即日东隅矣。更过四碗，同前，打四更。复鸣螺，别打两下，名两时，即正午矣。若闻两打，则僧徒不食。若见食者，寺法即便驱摈。过午两时，法亦同尔。夜有四时，与昼相似。总论一日一夜，成八时也。若初夜尽时，其知事人则于寺上阁鸣鼓以警众。此是那烂陀寺漏法。又，日将没时及天晓时，皆于门前打鼓一通。

(《南海寄归内法传》卷三)

我们注意到，"寺上阁鸣鼓"的那个阁，似乎已经是鼓楼的雏形了。义净还讲到莫诃菩提寺和俱尸那寺等寺院用"漏"并打鼓的事，说那些"漏"都是国王所施。义净很希望也能在中国的寺院中推行："若能奏请置之，深是僧家要事。"可是，这件事终究没有能在中国唐代的寺院中照样施行。我们想，大约是由于有两种阻力之故：

一种阻力是，自古以来，中国各个城市中都有报时的"谯楼"之类建筑设置，由政府掌管。中央政府所在的京城皇宫，更是"绛帻鸡人报晓筹"。政府是不愿将报时权出让的。

另一种阻力，则是由于唐代政府部门多处用鼓，因而使寺院打鼓无形中受到限制。主要是由于唐代有"街鼓"和"听鼓坐衙"这两项制度之故。据笔者所见，萧默先生所著《敦煌建筑研究》一书的"佛寺"一节内有引据极为正确与完备的论述。早于此，则戴望舒先生的名作《读〈李娃传〉》（收在《小说戏曲论集》中）一文，结合郑生不能犯夜禁的情况，有诸多的引据与说明。下面所述，均不出两位先生所引所论。不过是为了在此处说明问题，笔者再来综合一番罢了。

唐代在京城长安，后来还推行到东都洛阳，厉行夜禁。天晚了，昼漏既尽，从顺天门（神龙元年后改称承天门）起始击鼓，各坊里均关闭里门，官街（大街）上断绝交通。人

们只能在坊里之内往来。直到五更三筹,再击鼓,各坊里门复开,官街上始听人行。这是马周出的主意:

先是,京城诸街,每至晨暮,遣人传呼以警众。(马)周遂奏诸街置鼓,每击以警众,令罢传呼。时人便之。

(《旧唐书》卷七十四《马周传》)

左右街使,掌分察六街徼巡。凡城门坊角,有武候铺,卫士、骁骑分守,大城门百人,大铺三十人,小城门二十人,小铺五人。日暮,鼓八百声而门闭;……五更二点,鼓自内发,诸街鼓承振,坊市门皆启。鼓三千挝,辨色而止。

(《新唐书》卷四十九上《百官志·四上》)

旧制,京城内金吾晓暝传呼,以戒行者。马周献封章始置街鼓,俗号"冬冬",公私便焉。有道人裴惨然,雅有篇咏,善画,好酒。尝戏为《渭川歌》,词云:"遮莫冬冬动,须倾湛湛杯。金吾倘借问,报道玉山颓。"

(唐·刘肃《大唐新语》卷十《厘革》)

《唐律疏议》卷二十六"杂律卜·犯夜"条更有明确的规定与说明,请读者自行翻阅,不赘引。这种自宫门鼓到诸街鼓的连续击鼓,真是震天动地,哪有寺院参与的份儿呢!上引道人裴翛然的诗,《全唐诗》中所载,诗题《夜醉卧街》,那是要"捉将官里去"的呀!再看对大少爷整日闲逛的描写:

朝游冬冬鼓声发,暮游冬冬鼓声绝。

(唐·顾况《公子行》诗)

一直到北宋,还沿袭这种做法:

烧残绛蜡泪成痕,街鼓报黄昏。

(北宋·王益《诉衷情》词)

京师街衢置鼓于小楼之上,以警昏晓。太宗时,命张公洎制坊名,列牌于楼上。按,唐马周始建议置冬冬鼓,惟两京有之。后北都亦有冬冬鼓,是则京师之制也。

(北宋·宋敏求《春明退朝录》卷上)

上引萧默先生书中,引据敦煌壁画的寺院图等,显示出唐代寺院的后进房舍中有小楼形状的钟楼与经藏相对,但是没有鼓楼。亦请读者参阅。

此外,唐代还有"听鼓坐衙"的制度:

> 唐国风法：官人政理一日两衙：早衙、晚衙。须听鼓声，方知坐衙。公私宾客候衙时即得见官人也。
>
> （日本僧人·圆仁《入唐求法巡礼行记》卷二第250条）

按，唐代官府坐衙治事，早晚各一次，白居易《白氏长庆集》卷五十二："白头老叟府中坐，早衙才退晚衙催"，说的就是这番光景了。又，上引白氏集卷二："城上冬冬鼓，朝衙复晚衙"，说明击鼓坐衙乃当时常规也。李商隐《无题二首》："嗟余听鼓应官去，走马兰台类断蓬。"[1] 说的就是听"衙鼓"去应卯，而非"街鼓"。

再有，就是建鼓楼以备击鼓报警，兼作报时之用的事。

> （李崇）除兖州刺史。兖土旧多劫盗，崇乃村置一楼，楼悬一鼓。盗发之处，双槌乱击。四面诸村，闻鼓皆守要路。俄顷之间，声布百里。其中险要，悉有伏人，盗窃始发，便尔禽送。诸州置楼悬鼓，自崇始也。
>
> （《北史》卷四十三《李崇传》）

---

[1] 《李商隐诗集集解》，中华书局1988年版，第289页。

按，这里说的是"诸州置楼悬鼓"。至于首都的鼓楼，建置更早：

（洛阳建春门外）阳渠北有建阳里，里内有土台，高三丈，上作二精舍。赵逸云：此台是中朝时旗亭也。上有二层楼，悬鼓，击之以罢市。

（《洛阳伽蓝记》卷二"龙华寺"条）

赵逸是北魏时人，《北史》《魏书》均有传。"中朝"是南北朝时期习语，指西晋。有趣的是，此种击鼓防盗贼的做法，到唐代还在使用，并且不限于在鼓楼上。日本僧人圆仁《入唐求法巡礼行记》中记载，在日本遣唐使的船顺着大运河向北方进发时，为了保护使节及其贡品，中国的随行护卫人员在晚上干什么呢：

通夜打鼓。其国之风：有防援人，为护官物，至夜打鼓。

（圆仁《入唐求法巡礼行记》卷一第16条）

政府如此频繁用鼓，寺院自然退避三舍矣。

北宋时，都市内商业更加发达，贸易日夜繁忙，宵禁逐渐被迫取消。宋太祖颁诏废夜禁，宋仁宗时又废街鼓。导致

南宋时的青年人已经不知道什么是街鼓了:

> 京都街鼓今尚废,后生读唐诗文及"街鼓"者,往往茫然不能知,况僧寺"夜半钟"乎?
> （南宋·陆游《老学庵笔记》卷十）

南宋以下,作为汉化佛教本土化的教派,禅宗大盛,并向普及化与世俗化发展。禅宗的寺院建置方式逐渐在全国推广,明代而还,几成寺院定格:山门殿与天王殿之间院内,必建钟鼓二楼:东钟西鼓,也就是左钟右鼓（以从天王殿面向山门为准）。鼓楼内悬有一个"大鼓",配合钟楼的钟敲击,"晨钟暮鼓"。奇怪的是,钟楼的大钟,如我们在前面说过的那样,夜里可以敲"幽冥钟"（夜半钟）,就是在白天,也可以应施主的祈求,由施主自己来敲击求福,笔者在杭州净慈寺就见过。可是,单独击鼓楼的大鼓来求福的,尚未见过。这似乎暗示着,鼓虽能与钟相配成组,究竟是后来的,还不能僭越以希图非分呢。

倒是在殿堂内的鼓,使用频繁。除了呗器中的鼓类器物,我们已经在前面介绍过以外,殿堂内单独使用的鼓,就是法鼓和茶鼓了。此二鼓设于禅宗寺院法堂内,东北角设法鼓,西北角设茶鼓。近现代汉化佛教寺院多沿用此种设置法,但在没有设法堂的寺院内,则将此二鼓安置在大殿。

萧默先生并引南宋陈元靓《事林广记》续集卷三"禅教类"条：

> 天明开净，首座率大众坐堂；闻一通鼓，首座大众上法堂；二通鼓，知事赴参；……

证明寺院中用鼓集众。当然，用鼓集众，如我们前面引述过的，佛祖早有垂示，佛经中也早有击鼓集合的例证。不过，中国禅宗寺院用此，说不定还是从官府坐衙悟出：此种集众之法可以沿用呢。要注意的是，这个鼓是法鼓。

法鼓，汉译佛经中习见，例如：

> 又见佛子，定慧具足。以无量喻，为众讲法。欣乐说法，化诸菩萨。破魔兵众，而击法鼓。
>
> （《法华经·序品》）
>
> 今佛世尊，欲说大法：雨大法雨，吹大法螺，击大法鼓，演大法义。
>
> （《法华经·序品》）
>
> 惟愿天人尊，转无上法轮。击于大法鼓，而吹大法螺。普雨大法雨，度无量众生。我等咸归请，当演深远音。
>
> （《法华经·化城喻品》）

此经中的"法鼓"这个专名词,大约是用来翻译梵文中的Dharma-dundubhi这个词语的,显然指真正的鼓,比喻释迦牟尼佛说法。可是,中国南北朝以还,诗文中也经常使用"法鼓":

> 法鼓琅以振响,众香馥以扬烟。
>
> (东晋·孙绰《游天台山赋》)
>
> 法鼓朗响,颂偈清发。
>
> (南朝宋·谢灵运《山居赋》)
>
> 清霄飓浮烟,空林响法鼓。
>
> (南朝宋·谢灵运《过瞿溪山僧》诗)
>
> 雷乘法鼓,树积天香。
>
> (北朝周·庾信《秦州天水郡麦积崖佛龛铭》)
>
> 潮声迎法鼓,雨气湿天香。
>
> (唐·沈佺期《白鹤寺》诗)
>
> 两廊振法鼓,四角吟风筝。
>
> (唐·李白《登瓦官阁》诗)

这些诗文中的"法鼓",有的还是指佛说法。可是唐人注《昭明文选》,李周翰就在《游天台山赋》我们前引的那两句之下作注说:"法鼓,钟也。"此后,直到清代,注家

大殿中僧人击法鼓

翕然从之。如倪璠《庾子山集注》卷十二中，注《佛龛铭》那两句，依然说："法鼓，钟也。"这就说明，一则，把"犍稚"译作"钟"，如前所述，是总括性的译法。唐代人也知道古代南亚次大陆原始佛教没有那么多响器，因而想当然地认为，经中的"法鼓"指的就是钟啦。二则，唐代寺院中用钟不用鼓，因而自然而然地认为法鼓就是钟啦。

可是，后来的寺院中，法鼓就肯定是真正的鼓啦。连带来说，茶鼓自然也是鼓。它们的用法，则如《敕修百丈清规》卷八所说：

法鼓：凡住持上堂，小参，普说，入室，并击之。击鼓之法：上堂时三通，小参一通，普说五下，入室三下。皆当缓击。

茶鼓长击一通，侍司主之。

斋鼓三通，如上堂时，但节会稍促而已。

普请鼓长击一通。

更鼓早晚平击三通，馀随更次击，库司主之。

浴鼓四通，次第候众击，知浴主之。

已上宜各有常度，毋令失准。若新住持入院，诸法器一齐俱鸣。

以上已经说得很明白了。要补充的是：佛殿廊下有时也

061

立一鼓，为斋、浴、普请（全寺一起到寺外参加农林副业劳动）时击鼓用。此外，为已故僧人送葬时，也击普请鼓；高僧忌日上堂诵经追悼时，也击法鼓集众。现当代的城市中的寺院内，由于大部分僧人已经佩戴手表，又有电铃等设备，所以击鼓之法往往只在说法集众时使用了，所谓"鼓声才动，大众云臻"者是也。

需要说明的是，茶鼓乃是汉化佛教特别是禅宗的创造。众所周知，饮茶是中国人的发明。僧人特别爱饮茶，连茶圣陆羽都是佛寺出身。饮茶与坐禅关系密切。茶鼓，则是召集僧人用茶的，乃寺院专用：

春烟寺院敲茶鼓，夕照楼台卓酒旗。
（北宋·林逋《西湖春日》）
茶鼓适敲灵鹫院，夕阳欲压赭圻城。
（南宋·陈造《县西》）

咏此二诗，宋代佛寺于傍晚敲茶鼓之情状，声声入耳，历历在目矣。

宋代以还，禅林有在鸣鼓会茶时介绍新来挂搭的僧人的常规：

抚州明水逊禅师在法云侍者寮时，道林琳禅师挂搭。方丈特为新到茶。逊躬至寮请之。适琳不在，有同行与琳联案，曰："汝去。俟集来，我为汝请。"逊去，僧偶忘之。斋后鸣鼓会茶，琳不到。圆通问曰："新到在否？"趣请之。琳到，圆通令退坐榻立，众前责曰："山门特为茶，以表丛林礼数。因何怠慢，不时至？"琳曰："适闻鼓声，忽内逼，起赴不前。"圆通呵曰："我鼓又不是巴豆，击著尔便屎出！"逊前白云："是某忘记请之。某当出院。"时同行出众曰："不干侍者与新到事，是某不合承受，为渠请，偶忘记。某当代二人出院。"圆通高其风义，并宥之。

（《大慧普觉禅师宗门武库》）

这则故事，生动地显示出会茶的重要性。

三、"庄严"和庄严具

（一）讲"庄严"

"庄严"这个词，大约在东汉末才定型。在荀悦（148—209年）所著《汉纪》卷十四《武帝纪》中记有："（南越）王、太后皆庄严，将入朝。"可是班固（32—92年）等所著的《汉书》卷九十五《南越传》中记同一事，写作："王、王太后饬治行装。"不过，一到了魏晋南北朝，文书中的用例可就多了。佛典外所见，如《后汉书·刘宽传》："伺当朝会，庄严已讫"；《世说新语·方正》："令女郎庄严"；《幽明录》："床上有一妇，花媚庄严"。"庄严"一词用在上引诸句中，均有"装束、修饰、加意地打扮"之义。看来，进行"庄严"的目的，还在于不仅是为了美化和表现自己，而是要在需要认真应付的公众场合，使人们看到一种整饬、严肃而又美观的仪表。

南北朝时期，佛教经典中这个词出现的频率比外典要高，这是因为翻译佛经时用它来意译梵语的vyūha（如《金刚经》中某些对译），或alaṃkṛta（如《根本说一切有部毗奈耶破僧事》），或bhūṣita（如《俱舍论》）等。译出的"庄严"这个词，从词性说，按现代的语法分析，有名词和动词两种性质，即在句中有两种用法，意义也略有不同。名词性的，似乎原指一种显现出来的带有佛教特色的装饰得十分壮丽的状态，如《阿弥陀经》中所说："极乐国土，成就如是功德庄严"；或是指佛与菩萨等显现出的从内心到外表以至环境的一种整体的精妙宏伟盛饰壮丽境界，如《大智度论》卷八中分析的"般若庄严"，极乐净土的种种庄严（17种庄严，29种庄严），还有《大方等大集经》卷一提到的"四种璎珞庄严"，大致都是这个意思。动词性的，则指从事这种庄严，亦用于外表修饰、身心净化、环境布置（包括各种生物和无生物、建筑、室内器物安置等）。由此看来，佛教经典中用这个词，涵义比外典要深邃得多。

汉译佛经中的词语，特别是意译的词语，常有经过引申，发展到口语和一般书面语中去的，而且在大众化、通俗化之后，其中涵义常常趋向于浅豁。因此，无妨作这样的推论：魏晋南北朝时期，早期的佛教翻译家在译经时，把两个近义词"庄"和"严"搭配在一起，创造出这个意译词来概括以上那些深邃复杂的词义，再经市俗人等发展引用到大众化的口语中去。像荀悦那样的用法，看来也许是有意地使用外来新词语来抽换本土旧词语"饬治"，像我们当代青年用"拜拜！"代替"再见"一般，是在赶时髦呐。这种推断虽然大胆一些，其成立的可能性却是有的。总之，就说在这一时期，找"庄严"的书证，在内典和有关佛教的记载中比外典里多多了。单说大翻译家鸠摩罗什，他翻译的佛经中，就有三部书名带这个词的：《庄严菩提心经》《大庄严论》和《乐璎珞庄严经》。那可都是按佛教的理论涵义才能理解的啊。至于"庄严"的词义转化成一般性的"庄重严肃"并普遍使用，那恐怕是后世的事了。

（二）庄严具

佛寺和佛像是佛国在现实的世俗世界中的具体显现。布列各种宝物、宝器、杂花和宝盖、幡、幢以装饰严净殿堂，用璎珞、环钏、袈裟或天衣等庄严尊像，也都属于庄严的范围。这些装饰用的道具，特别是殿堂中用的，称为"庄严具"（alaṃkāra—upavicāra）。

广义地说，殿堂四壁和栏柱上刻绘的种种图像（特别是

汉化佛教法器与服饰

紫禁城梵华楼内佛龛

其中的装饰性彩绘），尊像前的供养具，都可算是庄严的一部分。但是，狭义地说，近现代佛教殿堂内的"庄严具"，仅指以下三类器物：

一、龛、帐之属；

二、幡、幢、盖之属；

三、桌与桌帷、桌袱之属。

以下分述。先述龛、帐之属。

龛，原是南亚次大陆石窟的一种小型石室，据说佛可在其中栖身与打坐、入定。僧人当然也可模仿着，在可栖息的龛内禅定，作为日常学习与生活的一部分。中国的早期大型石窟群内，就有许多这类禅定窟。当然，更有许多是为供佛像用的。寺院中供养佛像时，往往也模仿石窟的做法，在佛像外罩上一个龛类的庄严具，这就是后来人称为"佛龛"的了。

中国古代，就说是汉代吧，供贮藏用的家具主要是"厨"和"柜（匮）"。关于这两种家具，我的大学长孙机先生所著的《汉代物质文化资料图说》（文物出版社1991年版）一书的第217—219页有详细说明，请有兴趣的读者参看，不赘述。要说的是，厨的形状是屋顶形，好像一座有四个短足、前开两扇门的小房子；柜则像一个现代的有短足的箱子。它们都不是供展示用的。所以，南朝梁简文帝《与僧正教》（载于《广弘明集》卷十六）一文中，批评平时把佛像贮藏起来的做法不对，说："……此土诸寺，止乎应生之日则暂列形像，自斯以后，封以箧笥……或十尊五圣共处一厨，或大士如来俱藏一柜。信可谓心与事背，貌是情非。……"可见厨与柜是供收藏而非公开供奉用的。当然，汉化佛教供佛的龛，在建造时可能参照了厨的形状。以至于后来——比如说宋元之际——把龛也俗称为厨，或称"厨子"，至今日本佛教界还是如此称呼，中国早就不这么称呼了，近现代一律叫龛，俗称常叫佛龛。

近现代的佛龛多种多样，总的说像一间小房子，前面开门，常为开而不设门。现代化的龛则常为一个大玻璃罩，有似展览柜一般。修饰华丽的龛可特称为"阁"，常为中国传统小木作手工艺精品。形体巨大的像无法入龛，也就不加龛供奉啦。无论加龛还是不加龛，佛、菩萨像前常悬门字形大幔帐，此种幔帐称为"欢门"。欢门上常以彩丝绣成飞天、莲花、瑞兽珍禽、奇花异草。欢门前常当空悬挂供佛琉璃灯一盏，俗称"常明灯"者是也。在欢门两侧一般悬幡，故又称为"幡门"。

有一种特殊的龛，俗称"花亭"的，应该在此谈一谈。汉化佛教的花亭，是一个四方形的小亭子，它有特定用途：专门用来安置"降生佛"，也就是刚刚诞生的释迦牟尼佛。这尊佛像的特点是：直挺挺地站立，一手指天，一手指地。上身赤裸裸，下身披着一条手巾（也有全身赤裸裸的，非汉

罩着玻璃的六角型宝塔模样的朱红色龛子内的玉佛卧像

汉化佛教法器与服饰

色彩斑斓的帷幕装饰着玉佛楼的内部

化佛教即常供那种像）。多为金属像，身下有一个盘子，常连盘子铸在一起。释迦牟尼佛的诞生日，汉化佛教定在阴历四月初八，藏传佛教则定在四月十五日。那一天要进行"浴佛"法事，其主要行事就是扎好花亭，将诞生佛请入，抬佛游行。由于劳民伤财和阻塞交通及妨碍维持治安等原因，在中国大陆，此礼久已不行。属于南传佛教系统的云南傣族佛教等则把佛诞日定在清明节后十天，并发展成民族节日"泼

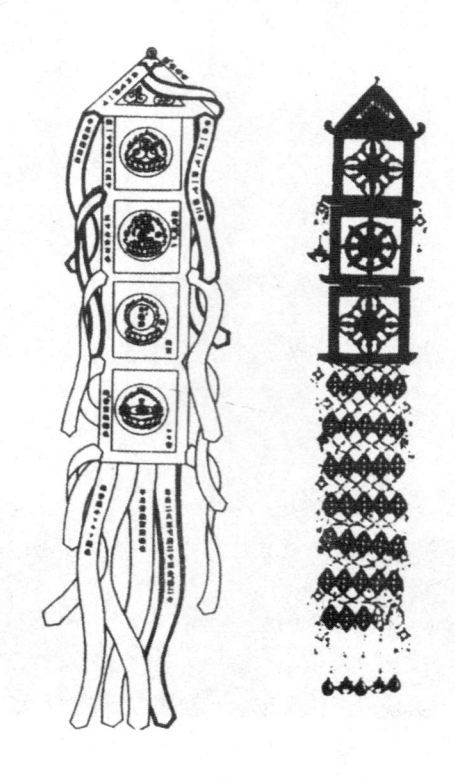

幡

水节"。那是需要另作别谈的事了。有关花亭，要说的还有两点：一是，亭上常悬小型匾额，上面写的是"毗蓝园"或"义成殿"。"毗蓝园"是释迦牟尼佛父国迦毗罗卫国和他在母国的诞生地蓝毗尼园的联合汉语省略简称。"义成"是释迦牟尼佛当太子时的名字"悉达多"的意译"一切义成"的简称。二是，花亭上的花，原来是由僧人到野外采集，可是众僧人所采有好有次，有多有少，用谁的不用谁的，发生争斗。后来一般改成大家动手扎手工假花。

附带说一下，僧人迁化后安置遗体的棺材特称"灵龛"，简称也叫龛，又称为龛棺、龛枢、龛子、龛船等。那是另一种龛，不可与佛龛混同。有关僧家的丧葬之事，我们当另外作文讲述。

佛殿中用以遮挡、区划空间的是幔幕。一般为缝合长布条制成。竖缝者称为幔，横缝者称为幕。总称幔幕或帐帷。一般在做法事时张挂使用。

再述幡、幢、盖之属。

梵文Ketu，音译"计都"，本义是梵历"九曜历"中的第九曜，大约指一种想象中的彗星。它也是南亚次大陆军旗之星，这种军旗上绘画有各种动物，以为三军之节制。佛家所用庄严标志也有种种佛、菩萨的代表性印记，象征以智慧之军旗抵御并摧破一切魔军，所以施于殿堂，用于赞叹佛、菩萨之道德，显示佛教之庄严。论其形状，则有两类。

方幡

  一类是长片形的,梵文称为Patākā,音译"波多迦",意译为幡。汉化佛教殿堂内的幡,大致为长条形的绸布类片状物。它由四部分组成:上有三角形的幡头,以下连接长方形的幡身;幡头之下,在幡身两侧,有两条长约幡身三分之二的细条,称为幡手;幡身之下则垂饰细条或绦子若干,称

汉化佛教法器与服饰

为幡足。幡身大多绘画有图像。大别之,有绘画佛、菩萨、诸天明王等像的,称为绘幡;有书写"种子(种字)"以代替绘画的,叫种子幡;有绘画佛、菩萨、诸天等的持物与印契(手印等)的,称为三昧耶(梵文Samaya的音译,涵义是"根本的宗旨""誓愿")形幡,"三昧耶形"的意思是"依根本教义而作出的根本性誓愿而示现出的象征物"。也有在幡身上书写经文、咒语的。现当代汉化佛寺中流行一种简化了的幡:幡身主要部分是一朵莲花,以示"莲花化身"之意。幡头与幡身之间,幡身之下,各用长绸布条联结,一般为上三条、下四条。上三条中,当中一条宽些,代表幡身上部,多用白色

大殿中的幢

或浅黄色等浅色,上面常书写各种佛、菩萨名号。上面左右两条算是幡手,下面四条也就算是幡足了。这几条颜色常一致,多用杏黄色、红色等比幡身深的颜色。

幡的颜色多种多样,大略可分为单色与彩色两类。单色的,也有不同的各种颜色。彩色的,密宗用五色幡,分青黄

赤白黑，汉化佛教以之与本土阴阳五行思想等相结合，说是代表五行、五脏。以此幡作供养，可以使供养者养五脏而延长寿命，故有"延寿幡"之称。密宗还有一种灌顶幡，系秘密施行灌顶法事时所用，特点是幡身狭长，幡手短（大约只有幡身的四分之一以下）而有多条。

幡在佛教殿堂内外均可使用。形式多种多样。古代和尚求雨，常在庭院中树立一种称为"庭幡"的幡，特点是幡身常为多层方形连接在一起，各层都有幡手。还有荐亡幡，用于招亡者的魂灵，使之趋向西方净土；送葬幡，又称为"四本幡"，用于送葬行列之中，常为纸幡，打完幡就烧。"四本"指的是"生、住、异、灭四本相"。用苏东坡的诗来形

盖

象地说，就是："一弹指顷去来今！"

更有一种"施饿鬼幡"，顾名思义，是在法事中施用的，纸幡，用后焚毁。

总之，幡在庄严具中最为大宗，施用处最多。

壁画中的宝盖

梵文Dhvaja，音译"驮缚若"，意译为"幢"。它是一种长筒形状的旗帜，和幡都可称为"计都"，但形状不同。石制的幢常为八面形，栽在地上的，俗称"八楞碑"的，与此同源，将另文别述，兹不赘。且说悬挂在殿堂内的绸布质的幢，是一种缝合的圆形或多面体的长筒状物。上面以绣画经文者为多。殿堂外施用处不多，因永久性的石幢树立于庭院，也就用不着悬挂它们了。寺内外游行时，有时和幡各自结组，打出几对来示威。

梵文Chattra，意译为"盖"。它原是南亚次大陆一种遮阳避雨的不能折叠的伞。有两种类型：一种是柄在伞身下中央的，与现代的伞相同，只是不能折叠罢了；另一种是柄在伞身之上，伞身悬挂在弯曲的柄头上的，特称"悬盖"或"天盖"，常施用于尊者头顶之上，以示尊崇。在汉化佛教寺院中，于佛、菩萨所在的天顶施用天盖，特称"宝盖"。常用两种形式：一种是把天花板造成宝盖，这类永久性宝盖中有许多国宝级工艺品，值得注意。中国古建筑学家对宗教和非宗教建筑一视同仁，一概称之为"藻井"，并对其中饰有龙形的特称"龙井"；另一种是以丝绸布帛制成悬挂。壁画和纸绢画等画幅中，则常悬空绘宝盖，一空依傍，更显灵异之姿和凌空之势。

最后，大略说一说桌围（帷）与桌裓。它们都是殿堂内供桌或供盘上铺设的桌布类用品。只不过前者长而后者短而已。它们向外的一面常垂及桌脚，上面绣画有吉祥物、图案等，也有书写佛号、真言之类文字的。其用意主要在显示庄严。铺设以求清洁，乃其余事耳。中国传统精细木工雕刻、镶嵌、接榫而成的精致供桌，本身就极具庄严姿态，那是不必加帷的。

佛教殿堂内的庄严具，大略如上所述。

（三）彩画庄严

殿堂内的彩画装饰，也是庄严的一部分。其中大多为佛教人物和故事画。还有少部分属于密宗的"曼荼罗"系统。应该说明，这些壁画彩绘、天井平棊等，凡是绘制在殿堂内的，那就是庄严的一部分。还有一些画卷、挂轴等，本来是独立的，当它们为了某种用途——如水陆法会——张挂在殿堂之内时，除了圣贤像是供奉对象外，有的也可视为庄严的一部分。但是，当它们独立在殿堂之外时，可就不能算是庄严了。不过，为了说明的方便，我们还是得从它们本身说起。

相传自有佛寺之日起，就在殿堂内绘制彩画庄严。这是见于佛经的，特别是见于律部明文的：

> 给孤长者施园（按：指的是最初的佛教"寺院"之一的"祇树给孤独园"）之后，作如是念："若不彩画，便不端严。佛若许者，我欲庄饰。"即往白佛，佛言："随意，当画。"闻佛听已，集诸彩色，并唤画工，报言："此是彩色，可画寺中。"答曰："从何处作，欲画何物？"报言："我亦未知，当往问佛。"

> 佛言："长者！于门两颊应作执杖药叉，次傍一面作大神通变，又于一面画作五趣生死之轮。檐下画作本生事。佛殿门傍画持鬘药叉。于讲堂处画老宿苾刍宣扬法要。于食堂处画持饼药叉。于库门傍画执宝药叉。安水堂处画龙持水瓶著妙璎珞。浴室、火堂，依《天使经》法式画之，并画少多"地狱变"。于瞻病堂画如来像——躬自看病。大小行处（按：厕所）画作死尸——形容可畏。若于房内（按：僧人住所），应画白骨骷髅。"是时长者从佛闻已，礼足而去，依教画饰，既并画已。
>
> （《根本说一切有部毗奈耶杂事》卷十七）

佛祖释迦牟尼崇尚朴实无华，当年的给孤独园是否作如此的彩画庄严，不得而知。后来的律藏可是所载如上，十分明确。汉化佛教寺院壁画自南北朝以来虽有内容方面的改变，但基本上改动不大，并形成自己的一套系统。以下分别概述之。

佛寺壁画多集中于主要殿堂，如大殿、法堂等处。还有专于大殿前后两侧辟游廊为画廊的。内容多为佛传、佛本生故事、经变画等。

佛传内容如"八相成道"的壁画，最少要画八幅，多则可有几十幅。如山西太原多福寺大殿、五台山南山寺大殿，

汉化佛教法器与服饰

萨埵王子舍身饲虎

九色鹿

各有明中叶所绘佛传连环画式故事画84幅，可称代表作。青海乐都瞿昙寺28间半壁式画廊明初所绘佛传连环画，则是廊画代表作。佛传连环画，一般均配"榜题"以说明内容。如瞿昙寺廊画即配以七言诗。明代人据唐代王勃《释迦如来成道记》原文2000余字加以扩展，绘成《释迦源流》连环画，刻成大型木刻本，成为我国古代最流行的一种宗教连环画。此后壁画画工多以之为蓝本，略加损益。清代人更扩而充之，绘成《释迦如来应化事迹》，并引用经典说明各幅内容，其木刻本在各地迭经翻刻，成为近现代佛寺壁画范本。这部连环画图本，与《孔子圣迹图》《老君历世应化图说》鼎足而三，合为儒、释、道三教祖师爷生平图说集。

经变图

佛本生故事，是佛"前生"的经历。汉译佛经中记述的有五六百个故事，壁画常绘出的是其中最著名的几个。约举如下：

雪山大士为闻半偈法以身奉罗刹；
（出《大涅槃经》卷十四）
睒子菩萨孝养瞽亲，为王误射而得还苏；
（出《菩萨睒子经》《六度集经》）
尸毗王以身贸鸽；月光王以头施与婆罗门；
（上二事均出《月光菩萨经》和《贤愚经》卷六）
普明王为鹿足王所捉，请期七日，还来就死，不妄语；
（出《智度论》卷四和《仁王般若经》）
须达挐大子以妻儿施婆罗门；
（出《智度论》卷十二和《太子须达势经》）
萨埵王子舍身饲虎；
（出《金光明经》卷四和《贤愚经》）
慕魄太子十三岁之间为无言之行；
（《太子慕魄经》）
九色鹿王行忍辱。
（出《九色鹿经》）

083

这些故事常以连环画形式绘出，配上"榜题"简单说明。

佛本生故事更常绘制于古代石窟中。近年来，出版了许多介绍本生故事的通俗小册子。它们虽以介绍石窟绘画为主要目的，可是，读一读，对了解佛寺壁画也大有帮助。

经变图也是常见题材。应该说明，凡是将佛经中所叙的故事绘为图画，就名为佛经变相，简称"变相"或"经变"，还可再简称"变"。佛传图和本生图也是根据佛经所说的故事画的，也应属于经变一类，但是，因为内容是表达

寒山拾得

释迦牟尼佛今生或过去生中的事迹，所以别为佛传图和本生图。此外，专门描绘某一经中一段或全部所说的内容的画，称为经变图。如根据《阿弥陀经》绘画极乐世界的情况，叫作极乐净土变或阿弥陀净土变；根据《观无量寿经》绘画韦提希夫人被囚和观极乐世界十六观法，叫作观无量寿佛经变；根据《药师本愿经》绘画药师佛净土情况，叫作药师经变；根据《弥勒上生经》绘画弥勒菩萨在兜率天说法，叫作弥勒上生经变；根据《弥勒下生经》绘画弥勒成佛的情况，叫作弥勒下生经变；根据《华严经》所绘毗卢佛说法、或华严藏世界、或善财童子五十三参，叫作华严经变；根据《维摩经》所绘十大弟子与维摩问答、文殊问疾、天女散花等，叫作维摩经变；根据《法华经》绘画佛说法相，叫作法华经变；根据《金刚经》绘画佛说法相，叫作金刚经变；根据《楞伽经》绘画佛说法相，叫作楞经变；根据《法华经·普门品》绘画观音普门示现三十二应相，叫作观音经变；根据《大悲心陀罗尼经》绘画大悲观音像，叫作大悲经变；根据《楞严经》绘画二十五圆通相，叫作楞严经变。此外，绘画地狱情况或《十王经》中地狱十三审案情况，叫作地狱变，等等。经变也常绘制于古代石窟中。近年来也有许多通俗小册子出版，分别介绍，可以参看。应注意的是，经变图中所绘佛国乐土，多以南北朝至隋唐大型佛寺建筑为蓝本，而加以扩大化、理想化。如图的下部常绘出十字形鱼沼飞梁式八功德水莲池，连通广大水域。现实中只有山西太原晋祠有此种建筑，水域也较小。此外，伎乐供养中，莫高窟壁画出现著名的"反弹琵琶"伎乐天女，其形象现已成为敦煌市的标志。据老友李正宇同志说，现实中绝无此种弹奏法。这都是理想化的表现。但建筑样式却是隋唐的，后代壁画仍用旧粉本，虽带有时代烙印，改动不大，可供建筑考古之资。乐队和演奏的乐器，也是到唐代为止的二部伎乐队的简化，可供音乐考古之用。以上略举两项，希望读者观画时别具只眼，多方领会。

此外，还有一些印度与中国的佛教历史画，其中包括高僧影像，或绘其生平，或突出事迹图。外国的，如印度的阿育王故事即是。常绘的是中国内容，如"白马驮经图""番王礼佛图"（从"石勒礼佛图澄图"变化）"溪澳三笑图""东林莲社图""生公说法图""梁武帝翻经图""梁武帝与志公论法图""达摩渡江图""达摩面壁图""二祖调心图""玄奘取经图""五祖授衣图""圆泽三生图""丰干与寒山、拾得天台说问图"等。

再有一些寓意画，常见的有富哲学意味的"水月观音图""猴群捞月图"，以及禅宗的"洗象图"。禅宗主张破除一切名相的执著，称为"扫相"，便画作大象，一人用扫帚扫之，或用水洗之，题为"扫象图"或"洗象图"。

上述壁画题材，有许多，特别是经变画、高僧影像与佛教故事图、寓意画、水陆画，更常以卷轴画形式存于寺院中或流传于民间。

（四）现图曼荼罗

佛教寺院的壁画或卷轴画等类画面中，常出现由方形和圆形图案界成的画。画的是曼荼罗，这类画特称"现图曼荼罗"。

南亚次大陆的密宗在修持自创的一套"秘密法"时，为防止魔鬼聚合侵袭，在地上画出一个圆形或方形的区域，甚至建立一个土坛，在上面摆上法器，画上佛像、菩萨像等。这个区域之内，就成为佛和菩萨等诸位聚集之地，称为曼荼罗，意译"坛""坛场""轮圆具足""聚集"等。一般在修行完毕以后撤销，坛上画的像等毁废。

汉化佛教和藏传佛教则采用壁画、卷轴画等方式绘出曼荼罗，长期保存，修行时对之用功。传至日、朝诸国，亦复如是，而且有青出于蓝之势。这是因为汉化佛教的密宗在宋代以后衰微，不如日、朝等国，特别是日本，一直流传光大。中国人现在研究的主要是藏密（藏传佛教的密宗）而非汉密了。不过，曼荼罗图像还是能在寺院中经常见到的，藏传寺院内更多。这种以图像表现而非在土坛上显示的曼荼罗，特称"现图曼荼罗"。

现图曼荼罗，按其图示内涵，主要可分两种：一种是"金刚界曼荼罗"，另一种是"胎藏界曼荼罗"。金刚界，是梵语Vajra—dhātu的意译，音译"嚩日啰驮觏"，略称"金界"。密宗认为，宇宙中一切万物均为大日如来显现出来的。大日如来，就是大毗卢遮那佛的意译，是密宗将宇宙实相佛格化的表现。密宗认为他是根本佛，是一切诸佛菩萨所出之本原和所归之果体。表现他智德方面的称为金刚界，意为犹如金刚石之坚固，不为外物所坏；表现他理性（本来存在的永恒悟性）方面的称为胎藏界，意为大日如来的理性存在于一切万物之内，犹如胎儿之在母体、莲花种子之蕴于花胎。两界合称金胎两部。又名真言两部，盖以密宗行法时口诵真言、手结密印（密宗手印）观想诸尊之故。附带说几

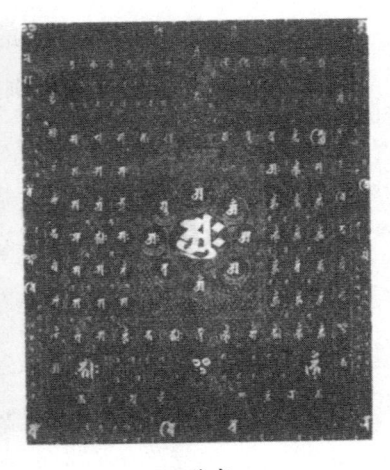

曼荼罗	种字

句：密宗比其他各宗，手印多出数十倍。欲知其详，国内有李鼎霞所编《佛教造像手印》一书，搜罗极详。此书1991年10月在北京燕山出版社出版。

金刚界曼荼罗的图像由九大部分组成，每部分称为一会，合为"九会"。大日如来、阿閦如来、宝生如来、阿弥陀如来、不空成就如来五佛是其主尊。全图共1461尊"尊像"。胎藏界曼荼罗则分成"十三大院"。大日如来、开敷华王佛、无量寿佛、天鼓雷音佛、宝幢佛五佛是其主尊。全图共414尊"尊像"。这两种图十分复杂，一般随喜者不必深究，知道以下几点便可：

一点是，金刚界曼荼罗以西为上，东为下；胎藏界则以东为上，西为下。注意别看倒了。

另一点是，因尊像太多，难以一一画出，或为了省钱省事节约画幅，所以图中尊像的画法有三：画出相貌的，称为尊形曼荼罗，用于主要尊像。简单一些，只在应画像的本位上画出该尊持用的法器，如金刚杵、刀剑、塔、轮宝、莲花等物，或该尊手印，称为三昧耶曼荼罗。三昧耶为音译，有"平等、本誓、除障"等涵义。再简单一些，则只在本位上写上该尊的"种子"（下面详述）便可。

再一点是，画的时候，当然最好把九会或十三大院的一整幅曼荼罗全部画出，那叫"都会（都门）曼荼罗"。若是办不到，只画其中一部分，如一会，则称为"部会曼荼罗"。再办不了，只画一尊，配上点别的，称为"别尊曼荼罗"。除金胎两部外，还有以别的佛为主尊的，总称杂曼荼罗，又称为诸尊曼荼罗。总括而言，曼荼罗，有极复杂的，也有较简单的，不可一概而论。

把曼荼罗作为礼拜供养之对象时，称为曼荼罗供，简称曼供。一般寺院每有殿堂建筑落成时行曼供，作为落成庆典之一部分。

此外，还有将金胎两界诸尊铸造成金属小像的，密宗在立坛于地表之上时，将之连同各种法器、供器、供品列于坛上。那是行秘密法时所用，严禁外人参观，作者无缘得

藏传佛教的转经筒

见。不过，每见流散在外的金属小像，总觉得或有一些与此有关。

种子（种字）与曼荼罗关系密切，但不是一码事。"种子"本是佛教中用的一种比喻，谓因果均有本源。密宗把梵文字母和所供诸尊与法门分别搭配，这种字称为"种子字"，简称"种字"。

汉文佛经中的大部分，系由南亚次大陆和中亚等地区的各种文字翻译而来。梵文本被认为是最正规的权威性底本。梵文是记录梵语的拼音文字，在历史发展中曾使用过一些不同的字母。自南北朝时期梵文传入我国起，直到唐代，中国出现了一些研究梵文的书籍。它们把当时传来的代表性字母书体称为"悉昙"，是梵语对音Siddham的音译，意译是"成就""成就吉祥"等。按这些书（而不是按现代的语言学研究），总括起来，"悉昙"共有51个字母。其中常用元音字母12个，辅音字母35个（包括介乎元音辅音之间的两个，称为"界畔"），还有罕用的四个（附在元音系统内）。作为拼音字母，按说"悉昙"只有形与音，而不表字义。可是，南亚次大陆土著自幼学习字母时，常用一种把某个字母和某个包涵它的字联在一起的记诵方法。例如"阿（转写a）字本不生（转写梵语anutpāda之意译）"，就是一种佛教徒用的记诵字母方法。这样一来，在佛教梵语中，推而广之，往往在一定场合下，对某些字母赋予一定的意义了。

佛教（特别是瑜伽行派和法相宗）认为，植物种子能产生果实，便用来作比喻，喻指一切物质与精神现象也有其因果性"种子"，它具有本源性质。密宗更把"种子"和梵文字母联系起来，把一种种子用一两个字母表示，称为"种子字"，简称"种字"。从现代语言学的角度看，它可大体上归入用一两个字母来代表一个名词术语或某种概念的"略语""简称"一类，犹如现代英语中用U.S.A.代表美国的英文全称，用a.m.表示"上午"；又像化学元素符号，如用Au代表金，Ag代表银一般。

密宗的修持，强调口诵"陀罗尼"（音译，意译为"真言"，即咒语），立外方内圆的"曼荼罗"（音译，意译为"坛城"），以供养诸尊神佛。一般在寺院中常见到的曼荼罗多为壁画或画幅，上绘各"部"神佛图像，主尊居中，胁侍诸尊环绕。有时，因为画面太小难以画像，或因施主钱少布施不起画像钱，或因认为安置之处犯不上花细工画像，就在应画神佛之处写上种字代替。此种只写种字而不画像的，特称"种子曼荼罗"。此种曼荼罗常施用于佛殿顶棚"平棊"，作为图案形彩绘，如北京市法海寺大雄宝殿平棊"毗卢遮那佛曼荼罗"即是。

一些佛教的思想意识范畴（称为"法门"）也建立种字。例如"四大皆空"这个范畴，共包括"五大"，各有种字。地（转写a，音译阿），水（va，嚩），火（ra，啰），风（ha，河），空（Kha，佉）。密宗把"心"（实为脑）看成圆明的"月轮"。修持时，常对月轮中由个人意念显现的事物进行"观想"，即集中心神于此事物之上。常观想的是种字显于"心月轮"上的各种"字轮"。"五大"的字轮是常被观想的。初学者常是先写下来贴在对面处作为观想对象。据其文字所写方向，有三式：居中种字竖写，不动；其余四个种字，分四方，"自利"者内向写，"利他"者外向写，"自他二利"者一致竖写。它是"字轮观"中最常修持的。

除一般性的种字以外，更有书写"陀罗尼"的。最常见的是观世音菩萨六字陀罗尼。这六字，汉字音译为"唵嘛呢叭咪吽"，意思是"归依莲华上的摩尼珠"（佛教认为的一种宝珠）。它本是阿弥陀佛赞叹莲华手菩萨（传为观世音菩萨化身之一）的话。据说，诵读、书写这六个梵文字，能不入六道轮回之门。这六字真言也常作轮状书写于平綦。信仰藏传佛教的多书写于经筒、门旗之处。

四、供具

（一）供具与供物

"供具"这个词语，本是汉语中固有的，在汉代很流行。它的意思大致是"备供酒食，具设食具食物"。例如，《史记·范雎蔡泽列传》："范雎大供具，尽请诸侯吏，与坐堂上，食饮甚设。"还有那《汉书·叙传上》："迎延满堂，日为供具。"看起来，这个词语属于并列结构，即"供"和"具"，都有"大事安排酒宴"之意。后来佛家用之，却有新的发展。

首先，"供"成为"供养"的简称。"供养"虽也是汉语中固有的词语，有"赡养、奉祀"之意，但在佛教中，自从用来翻译梵文的pūjā（其动词化为Pūjanā，汉语也译为供养）一词后，便成为专门祭扫、奉养佛和佛的眷属的专门性术语了。所谓佛的眷属，广义地说，是包括得佛果的一切人的，如菩萨、罗汉与诸天，以及往生西天极乐世界（还有别的佛世界）的善士，均可包容在内的。"具"呢，作为并列性词语，已和"供"的意思差不多，合起来，当做动词性词语使用，则为"献供"之意；当做名词性词语则为所供物品之总称，这种意义的"供具"又可统称"供物"，实为"供具之物"之简称也。

　　进而言之，"供具"又成为"供养用的道具"之简称。必须说明的是，"道具"指修行佛法所必备的资用器具，从僧尼随身的三衣六物到修法供奉必用的金刚杵、三具足等，名目众多，种类与数量至今没有个统一的说法。佛家认为，俗家把舞台用具也称为道具，是错误的。为了在口头上与前一种意义的供具即供物相区分，佛家用于供养的器皿，也可称为"供器"。

　　总之，我们这一节中所讲到的"供具"，乃是统括供物与供器而言。必须进一步说明的是，佛教所谓供养的涵义相当广泛，而且在历史上是有发展的。据说，在释迦牟尼佛亲自传法的时代，佛教团体即僧团所受的供养，主要就是指供给资养佛和僧人日常生活必需的四类物品，一般有两种说法，一种说法是指衣服、饮食、卧具、汤药，这是从《增一阿含经》卷十三中的记载得出的；另一种是指衣服（可能把卧具包含在内）、饮食、汤药、房舍，乃是从《善见律毗婆沙》卷十三的记载得出的。我们取后一种说法。因为在法轮初转之时，为僧团建立根据地是佛教能否流传的生死攸关的大事，就是到了现在，毁了庙和尚也无处栖身啦。因而这四项特称为"四事供养"。按性质来说，这些都属于"财供养"的范畴。可是，穷苦的大众无财供养，僧众本身也身无余财，如何供养呢？不要紧，可以采用"法供养"，即进行"恭敬供养""赞叹供养""礼拜供养"等精神上的供养方式，这些都称为"法供养"。佛涅槃后，则又出现以塔为对象进行财供养和法供养的，特称为"塔供养"。初期只限于葬佛舍利的塔，后来，一方面发展为可以对所有的塔进行财供养和法供养；另一方面，也发展为对一般的逝者从佛法的角度进行供养，并可进行"回向"，即把供养所得福缘回施给指定的人或众生。追本溯源，这些都是从塔供养一脉相传下来的啊。

按供养的内涵来区分，主要可分两类。一类属于广义的，即包含佛殿中某些"庄严具"和精神上的供养在内的，代表性的是《妙法莲华经·法师品》中提到的"十种供养"，它们是："一华，二香，三璎珞，四末香，五涂香，六烧香，七幡盖，八衣服，九伎乐，十合掌恭敬。"另一类则是狭义的殿中供养，代表性的说法是《苏悉地羯啰经》卷下提到的"五种供养",再加上《大日经·具缘品》补充的一种,用来和六度(六波罗蜜)配合的,称为"六种供养",又称为"六种供具"的,即"涂香"表"待戒","华鬘"表"布施"(按《真俗佛事编》卷二,则"花"表"忍辱"),"烧香"表"精进","饮食"表"禅定","燃灯"表"智慧",再加上"阿伽"(水,特指净水)表"忍辱"(《真俗佛事编》认为表"布施")。附说:"阏伽"是梵文Argha的音译,音译又作"阏伽""遏伽""遏啰伽",意译为"功德水",音加意译则为"阏伽水、阏伽香水、香花水",特指佛前上供所用的内经香花加香的水。当代汉化佛教日常供奉时常用净水,密宗则必用特制的香水。现当代汉化佛教殿堂和家庭中所供养的,主要是狭义的"六种供养"的发展,即把"涂香"与"烧香"合并为"香"之一类,又按中国的情况分成线香、檀香两种。至于供器,也是按这种情况,采取汉化了的安排方式,以"三具足"为主,再环绕三具足配上别的器具罢了。

(二)三具足

所谓"三具足",就是香炉一具,烛台一对,花瓶一对。按种类为三,故称"三具足";按个数为五,则称为"五具足"。这一整套摆在供桌之上,民间称为"五供"。

应该说明，这样一套上供的供器是通用型的，或者说是"全民所有制"的。不但佛教上供用，道教也用，一般老百姓祭祖也用。有些明清的大型民间坟墓前安设石质的供桌，供桌上摆的是石质的五供。僧侣涅槃后一般火化，高僧的骨灰入塔，塔前不安设供桌与三具足。

香炉

汉化佛教法器与服饰

五供

北京大觉寺内的法器

进而言之，从佛教角度看，香炉在供奉时最为重要。今所见敦煌壁画中，供养人、供养菩萨等差不多都是手执手柄式香炉的。说法图中，则佛前常安置一个鼎式或罐式香炉，有时还带炉盖。

典型的执手柄香炉的壁画，如：敦煌莫高窟397窟南壁下部，隋代壁画，二供养菩萨；303窟隋代壁画，供养僧人；225窟盛唐壁画，女供养人双手持炉柄；98窟五代壁画，于阗王与王妃；409窟壁画，西夏王所执手柄香炉中尚可见香烟袅袅上升；332窟元代壁画，供养人依然执此种手柄香炉。

今所见唐代壁画中已经有佛前供奉的一炉和另一对器皿

明刻本《西厢记》中在大殿内做法事的场景

出现。如莫高窟445窟盛唐壁画,弥勒前供奉有一炉和一对罐形器皿;158窟中唐壁画《天请问经变》,佛前供奉的是一炉和两"火珠"(香烛的滥觞?);61窟五代壁画,400窟西夏《药师变》壁画,均有一炉和另一对供器。

版画中所见,则著名的咸通九年(868年)刻本《金刚经》卷首图,佛前为一带盖香炉,居其左右者为一对罐形高足高盖形器皿。元至元年间刻本无闻和尚注《金刚经》的卷首图中,出现了与今相同明确无误的一炉、二烛台、两花瓶组合。

连供品一起陈列的,如北京大学图书馆藏明弘治刻本《西厢记》插图中,"修斋事"一幅,列供桌三个:前一桌陈香炉一,烛台二,茶杯四;中间一桌陈高足豆式供盘五,茶杯六;后面一桌陈大供盘五,花盆四。按现代观点看,似乎不伦不类,胡乱安置。恐怕那时的摆设就是那样儿的吧。必须提请注意的是,明万历刻本《南琵琶记》插图,世俗礼仪中也出现了一炉二花瓶两长擎烛台并列的画面。可见,五供是带有全民性质的器皿,非僧家所能独有之物也。

至于供品,则现代寺院中常供的,不外水果、素点心(包括馒头等),可能再加上一些素菜。花瓶中的花,有时也用假花如绢花等替代。不过,密宗不许用假花,用生花也有种种讲究,有许多花不行;即使能上供的花,也得依各"部"与修法种类之不同,而有差别。据说,所供养的鲜花，如果长时间不枯萎，就显示祈求者的罪孽已经消除。特别是在斋会之后，散花时散敷的花朵有的要是还显得鲜嫩，那就显示出所请的佛菩萨来会时是坐在那里的了。

烛台，现代也有用电灯烛台的，倒可预防火烛。

此外，佛前常明灯，又名无尽灯、长命灯，系为施主得福而设。一般认为源自《贤愚经》中的"贫女难陀品"，说的是，贫女难陀因无力供养佛及僧人而悲伤，老在责备自己。一天，她乞讨得到一个钱，就买了足够点一盏灯的油，到祇园精舍供养佛。第二天，诸灯均灭而贫女之灯独明。目连僧认为白天用不着点灯，要掐灭此灯，可就是掐不灭。释迦牟尼佛说，这是发大菩提心的人点的灯，罗汉是灭不掉的，就是用四大海的水来浇，也浇不灭的了。从此传下常明灯。后来连中国民间祭祀的祠堂等处也点此种灯，那可是跟佛教学来的呀。

（三）七宝与八吉祥

七宝，是梵语Sapta ratnāni的意译。它有两种涵义：

一种涵义是指佛国七种珍贵的珠宝金玉。其种类与用途，各经所说不一。今举四种有代表性的说法如下：

《无量寿经》卷上："其佛国土，自然七宝：金、银、琉璃、珊瑚、琥珀、砗磲、玛瑙，合成为地，恢廓广荡，不可限极，悉相杂厕，转相间入，光赫煜烁，微妙奇丽，清净庄严。"这是说，无量寿佛（即阿弥陀佛）的佛国（即极乐世界）土地，全由七宝拼合而成。

《阿弥陀经》："极乐国土，有七宝池：八功德水充满其中，池底纯以金沙布地，四边阶道：金、银、琉璃、玻璃合成。上有楼阁，亦以金、银、琉璃、玻璃、砗磲、赤珠、玛瑙而严饰之。"讲的是七宝楼阁的用料。

《妙法莲华经·见宝塔品》："尔时佛前有七宝塔……无数幢幡以为严饰……其诸幡盖以金、银、琉璃、砗磲、玛瑙、真珠、玫瑰七宝合成，高至四天王宫。"单讲幡盖的用料。

《大智度论》卷十则总说诸宝："宝有四种。金、银、毗琉璃、颇梨。更有七种宝：金、银、毗琉璃、颇梨、车渠、玛瑙、赤真珠（此珠极贵，非珊瑚也）。更复有宝：摩罗伽陀（此珠，金翅鸟口边出。绿色，能辟一切毒也）、因陀尼罗（天青珠）、摩诃尼罗（大青珠）、钵摩罗加（赤光珠）、越阇（金刚）、龙珠、如意珠、玉贝、珊瑚、琥珀等种种名为宝。"

按，佛经中每以"七"喻多，是一种以定数代不定数的修辞方式，如"多宝塔"也就是"七宝塔"。但是，为了把"七"固定下来，特别在"七宝"的涵义中，又常用七种宝物来落实它。各经中所述名目不一，总和则溢出"七"数，当作如是观。也就是说,把"七宝"当作"多宝"中之"七宝"观可也。

至于佛寺中作为供养用的,限于财力,每多代用品。如应县木塔二层、四层两尊佛像体内所藏,有金币,银箔、铜钱、水晶珠、琥珀珠、沉香木、香泥饼等,总括说就算七宝了。为区别于下面所说的另一种七宝,常把这种七宝称为"七珍"。附记:阴历十二月初八,佛寺煮的腊八粥称为七宝粥。那是以多种谷米、果子代表七宝的,别名佛粥。

还得就七宝中两种宝的质地、特点及相关问题饶几句舌:

琉璃,梵语Vaidūrya简略音译,全译"毗琉璃"。据说是一种天然生成的猫眼石一类的玉石,其不同种类能呈现出青、白、赤、黑、绿的不同色彩,而以青色者为多。它的最大特点是具有"同化"性,凡是接近它的,都被它的光色笼罩,呈现出它的光色。相传,天空的青色(中国人称为"空青")就是由须弥山南方的琉璃宝反映出来的。中国人有时以人造物代用。佛前供养的琉璃灯更常用人造玻璃制成,取其透亮。供者心诚,未尝不可。只要我们知道佛经中此物之本来涵义与特点,也就是了。

玻璃,梵语即Sphatika的简略音译,全译有"塞颇致迦"等。意译"水玉""水精""白玉"。指的是白、紫、红、碧等色的自然水晶石。据陈朝真谛译的《立世阿毗昙论·日月行品》中说，日天子的宫殿日宫，由"火珠"即发热的玻璃构成；月天子的宫殿月宫，则由"水珠"即发冷的玻璃构成。其他佛经中有关玻璃的记载也不少，均指天然形成矿物。后世佛寺所用，每以人造玻璃代之，也未为不可，只要知道它的本来涵义与特点就是。

"七宝树"得特别说一说。不细读原典的人，常囫囵认为它是一种由七宝组成的树。实际不尽然。据《无量寿经》："又其国土，七宝诸树，周满世界：金树、银树、琉璃树、玻璃树、珊瑚树、玛瑙树、砗磲之树。或有二宝、三宝，乃至七宝，转共合成。"可见它们是七种树，每种树由两种、三种最多到七种宝组合而成。《无量寿经》中举了些例子："或有金树，银叶、华、果。或有银树，金叶、华、果。或琉璃树，玻璃为叶，华、果亦然。或水精树，琉璃为叶，华、果亦然。或珊瑚树，玛瑙为叶，华、果亦然。或玛瑙树，琉璃为叶，华、果亦然。或砗磲树，众宝为叶，华、果亦然。"举的前六种，都是二宝合成，第七种是"众宝"相杂合成。更有说得明确的，此经中接着举出七种"宝树"，兹录其一为例："或有宝树：紫金为本，白银为茎，琉璃为枝，水精为条，珊瑚为叶，玛瑙为华，砗磲为实。"其他六种宝树，不过各部分串换着用不同的宝，请参阅原经，不具引。这类具足了七宝的宝树，也有七种，而非一种。

此外，密宗有"五宝"之说。所说种类，各种经轨也不一致，大致不出上举多宝之范围。现代设坛修法时，常用者为金、银、琥珀、水精、琉璃五种，亦常用代用品。

据《翻译名义集》卷三："佛教七宝凡有二种，一者七种珍宝，二者七种王宝。""王宝"是另一种涵义的七宝，它们是转轮圣王拥有的七宝。据《长阿含经》卷三等许多经论记载，它们是：

金轮宝，在佛法中示法轮常转，形象是金色的车轮。

居士宝，又称主藏宝、银山宝，示守戒，形象是银白色的小山。它是"国库"和"财政部长"的混合化身。

白象宝，示力大无比而性情柔顺，形象是白象牙色的象，有六牙。据说六牙表"六度"，四足象征"四如意"。

马宝，示传播广远，形象是红玛瑙色的马。据说南亚次大陆神话中有一位马王，名叫婆罗醯，住在大海中。他有眷属八千，全是神马。转轮圣王出世时，就到海中唤一匹小马出来乘骑，称为马宝。

珠宝（如意珠宝），示戒行圆莹，形象是一颗大珠子，音加意译为"摩尼珠"。据说它端严殊妙，自然流露清净光明，普遍照耀四方。它所在之处不冷不热。人有内、外、皮科病，以珠著其身即愈。

女宝，示妙静，形象是玉色（或红色）的美女。据说她面貌端正，全身毛孔俱出旃檀香，言语温柔，举止安详。

主兵臣宝（将军宝、武士宝），示胜敌，战无不胜，形

白化文文集

| 宝盖 | 宝伞 | 白螺 | 宝瓶 |

| 盘长 | 法轮 | 双鱼 | 莲花 |

象为武士。它是军队的象征性化身。

　　这七宝常做成如国际象棋棋子型的各自形象；或做成版状图案型镶插在莲花座上，一字排开，置于佛前供养。七种王宝的记载虽早在南北朝时已译出流传，而普遍作为佛前供养用具却似乎是唐初的事，因为它们是密宗的一种主要供具。而密宗在唐代武则天时才大流行。它们是汉化佛教直接从南亚次大陆传入的。

　　据有人说，国际象棋棋子的造型，多少与它们有些渊源。笔者不会下棋，不懂棋史，录之待正。

　　下面再说"八吉祥"。

　　"八吉祥"，又名"八宝"。循名责实，它们是八种表示吉庆祥瑞之物；同时，为区别于"七宝"和民间的"八宝"，我们认为，最好只称之为"八吉祥"，而不以

汉化佛教法器与服饰

八吉祥

"八宝"名之，但应知道有"八宝"甚至"八宝吉祥"的称呼法。

八吉祥是密宗的八种吉祥物，汉密是从藏密处学来的。

八吉祥原是流传于藏传佛教中的一种吉祥物，可以作为佛前供具，佛塔、寺庙顶端饰物和图案纹饰。后来随着喇嘛传入中原，时间大约在元初。依汉化佛教的通俗性称呼，这八样吉祥物是：

轮，全称"法轮"。

螺，全称"法螺"。据说能吹出"妙音吉祥"。

伞，全称"宝伞"。据说能"张弛自如覆盖众生"。

盖，全称"白盖""天盖"。据说能"覆三千界"。

花，全称"莲花"。取"出五浊世而无所染着"之义。

瓶（罐），全称"宝瓶"。即插花净瓶。取"圆满无漏"之义。

鱼，全称"金鱼"。又因其常以一对的造型出现，又名

"双鱼""对鱼"。取"活泼解脱"之义。

长（肠），全称"盘长"，世俗人等采用时（常单用）称为"八吉"。是一种回环的菱形绳索图案。藏传佛教称之为"结"，全称应是"金刚结"。密宗修持时，通过一定的加持仪式，才能系上这种结。受了此结，即得到佛的庇护。汉化佛教则取其"佛说回环贯彻一切通明"之义。

在汉化佛寺中，八吉祥常作为供具，列于佛前。如山西交城玄中寺七佛殿七佛前列置者即是。北京中国佛教文化研究所最近如法制成银质八吉祥，殊胜庄严，如图所示。又常作为图案，铸或刻、画在各种器物上。如，许多陈列在大殿前庭中的大型香炉之上，就铸有此种图案。北京广济寺所陈一具即是。至于藏传佛教寺院中，则比比皆是。

要注意的是，八吉祥作为一种吉祥物，明清之际，已经融入民间。许多民用瓷器、景泰蓝、饰物、织物的上面，常有八吉祥图案出现，造型不一，复杂多变，而且愈来愈带有汉族图案的意匠，并和汉族习用的其他吉祥象征图案（如寿字）相匹配。可以说，作为供具，它还属于佛教专用；作为图案，它似乎已经世俗化、社会化了。

更应注意的是：汉族原有的吉祥图案中，本有一种"八宝"图案。它是在珍珠、银锭、方胜、如意（云头如意）、犀角、珊瑚、磬、书卷、毛笔、艾叶、蕉叶、红叶、鼎、鼓板、玉钏、仙鹤、灵芝、松树等图案中杂取八种左右，拼合而成。广泛应用于各种物品之上。在汉化和藏传寺院中,也有将这种民间的"八宝"作为边缘装饰绘出或雕出(多为浅浮雕)的,也不以八种为常规,而是任取几种,称之为"杂宝"。更有将其中的某几种,如如意、珊瑚树等作为佛前供养的。以上做法,均带极大的民俗性。另一种实际上也是在世俗社会上通用而取自道教故事的"道家八宝",本名"暗八仙"的,是取八仙的持物组成的图案,它们是:扇(汉钟离所持)、剑(吕洞宾)、鱼鼓(张果老)、玉版(曹国舅)、葫芦(铁拐李)、箫(韩湘子)、花篮(蓝采和)、荷花(何仙姑)。切勿将这两种"八宝"与源出佛家的"八宝吉祥"相混淆。

五、汉化佛教僧人法服与常服

（一）僧人的服装

佛教僧人所穿的制式着装，应该说是由佛祖释迦牟尼他老人家亲自制定的，是"律"（佛教三藏经、律、论的"律"）有明文的。但也应该说明，这种着装方式和式样，是参酌当时的南亚次大陆民间及各教派的服装而定的，主要适应热带与亚热带之间的人穿用。到了中国，地方广大，从寒带到亚热带；时间绵长，前后两千多年；又得多少顺应当时本地的风俗习惯，有时还受到上层社会施加的影响与制约。其间变化多端，造成汉化佛教的着装自成体系，并对其他地区的佛教产生影响。

汉化佛教称自己的制式服装为"法服",又称"法衣",意思是"如法衣""应法衣",也就是按照佛法、顺应佛法而制定的衣服。一些俗家称之为僧服或僧衣,僧人有时也这样称呼。"法衣"大致有三种涵义。头一种涵义是,凡是僧人所穿的不违背佛教清规戒律和佛法的衣服,统统可以称为法衣。它包含正规法事上的穿着,相当于俗家的制服的,又可特称为"法衣"或"法服";还有日常生活着装,相当于俗家的工作装、休闲装的,又称为"常服"。第二种涵义由前一种延伸而来,就是,南亚次大陆原始的"三衣"一类的老制式着装(在汉化佛教中已有相当变化)是最正规的"法衣""法服",汉化佛教僧人在三衣之内另着的衣服,在三衣的笼罩下,也可并称为法衣,当然,那也是有一定的约定俗成范围的。第三种涵义则极为狭窄:禅宗特称本宗传法时授与门徒的"金襕衣"为"法衣",据说,在有名的"夜半传衣"故事中,所传的就是这种法衣啦。

(二)三衣和五衣

按照南亚次大陆原始佛教的传统,或者说是佛说律传,如法应法的法服只有"三衣"和"五衣"。

"三衣"是梵文Trīni Cīvarāni的意译,专指佛教"律"中规定的准许个人拥有的三种衣服。它们是比丘所服,比丘尼也可以穿。它们是佛教出家二众最基本最正规的衣着，故简称为"衣"，那是梵文Cīvara的意译，音译是"支伐罗"。三衣是：

僧伽梨（梵文Saṃghāti的音译），用九条到二十五条布料缝制而成，故又称九条衣；因系由许多布料拼合，故又称杂碎衣。它是在外出和正式的交际场合穿用的，前者如上街办事化缘，后者如进王宫等均是。所以又意译为大衣、重衣、高胜衣、入王宫聚落衣等。它应该是佛家最正规的制服，其着装场合相当于中国古代的穿朝服、西方近现代的穿燕尾服。因为它的条数多，所以又按条数之不同，划分出下中上三位九品，统称为"九品大衣"，而以其下下品九条为代表性总称，称为九条衣。

郁多罗僧（梵文Uttarāsaṅga的音译），用七条布料缝制而成，故又称七条衣。它是在礼诵、听讲、布萨时穿用的。也就是说，是在内部学习和在寺院中进行正规宗教性质工作时穿用的，所以又称为入众衣。在三衣中它居中位，故又称中价衣。它又称为上衣。

安陀会（梵文Antarvāsa的音译），用五条布料缝制而成，故又称五条衣。它是在日常进行非宗教性质工作和生活、就寝时穿用的，又称内衣、中宿衣、中衣。

三衣的缝制方法，是把布料先割截成小形正方和长方布片，然后再缝合而成。纵向缝合称为坚条，横向缝合称为横堤。两者纵横交错再缝合，呈水田状，称为"田相"。

九条衣的裁缝方法是：下下品九条，下中品十一条，下上品十三条，都采取两长一短的接连方法；中品下中上分为十五、十七、十九条三种，都采取三长一短的接连方法；上品则有二十一、二十三、二十五条三种，都采取四长一短的接连方法。其中，后来在汉化佛教中最通行的是二十五条、十三条、九条这三种。七条衣、五条衣则用两长一短之法接连。据说，采用这种做法，主要是为了杜绝防止法衣改作他用，也是为了使二众舍离对衣服的贪恋之心，还能避免盗贼起坏心偷窃。依其制法，又称为"割截衣"。按说，这种把新布料裁成小块的方式，多少有点大材小用的劲头，可能被人看作一种浪费。所以，又有一种"粪扫衣"的说法出现。粪扫衣是梵文Pāmsukūla的意译，略称"粪扫"，又译作"衲衣""百衲衣"。它就是拣拾扔在粪土尘埃之中的破衣碎布片，经过洗涤缝合而成的"袈裟"。

粪扫衣衣料的来源，《十诵律》卷二十七所载有四种，它们是：包裹完死者扔在墓地的"冢间衣"；包裹完死者再施舍给佛教二众的"出来衣"；扔在空地上没人要的"无主衣"；到处扔没人要的垃圾堆里的布片之类，称为"土衣"。《四分律》卷三十九又举出十种：牛嚼衣，鼠啮衣，烧衣，月水（女人的月经）衣，产妇衣，神庙中衣，冢间衣，求愿衣，受王职衣，往还衣。据《十住毗婆沙论》卷十六说，穿粪扫衣袈裟，最为殊胜，最受尊重。着此衣有十利：（1）惭愧；（2）障寒热毒虫；（3）表示沙门仪法；（4）一切天人见法衣，尊敬如塔；（5）非贪好；（6）随顺寂灭，非为炽然烦恼；（7）有恶易见；（8）更不须余物，庄严故；（9）随顺八圣道；（10）精进行道，无染污心。总之是远离世上一切贪恋。我们觉得，这种做法似乎合于释迦牟尼佛制定法服的本意。据《大智度论》等经典中记载，释迦牟尼佛初转法轮，首度五比丘，五人初得道，白佛言："我等着何等衣？"佛言："应着纳（衲）衣。"从这里似乎可以揣测制定法服的初心：即使不用粪扫衣，大

剃度图　史苇湘绘

女剃度　　史苇湘绘

略也得用些废旧布片来凑合，才是我佛舍弃世上荣华的本意。汉化佛教的僧人被称为"衲子""衲客""衲师""衲徒""衲僧"；自称"衲""衲子"，老和尚自称"老衲"，看来契合我佛深仁奥义。后来中国民间妇女常用各色绸缎碎片拼成被面或婴儿的小衣服（也称为"百衲衣"），说是盖了和穿了，能因惜福而得福。这类衣物虽然看起来五彩缤纷，有些华丽，但是原其爱惜物力之本意，恐怕倒是与我佛体物之心暗合呢。

　　三衣展开来像一条方形大床单，因而又被称为"方袍"。僧人被文士称作方袍客，简称也叫方袍。它的穿着方法，一般是拿着两角，由左肩绕披到右胁之下，用绦子或扣襻之类固定。后来，特别在汉化佛教中，用一个牙、骨、香木等质料制成的圆环（称为"哲那环"）搭上钩子或系上绦子来代替，显得方便和漂亮多了。这时右肩袒露在外，礼佛时应如此，称为礼拜相；坐禅时则可搭在两肩上，称为通肩相或福田相。附带说一下，"哲那环"这个专有名词大约是音译加意译，音译是"跋遮那"或"跋哲那"，它究竟是哪种语言的对音，笔者还没有查出来，愿以质之高明。

据《四分律》中记载，释迦牟尼佛初夜在露地坐，穿一衣；到了中夜，感到寒冷，加上第二衣；到了后夜，更为寒冷，再加第三衣。因此，我佛认为三衣已足，不得过蓄。原来出家二众都只许穿三衣，可是，据《摩诃僧祇律》和《五分律》等记载，比丘尼只穿三衣，盖不住肩部和胸部，有时被人调戏耻笑。所以，佛又制定出尼众"五衣"来。五衣是梵文Pañca cīvarāṇi的意译、特称"尼五衣"。它是三衣之外再加两衣。一衣是僧祇支，乃梵文Samkaksikā的音译，意译是"掩腋衣""覆膊衣"，简称"祇支"。它是一块长方形的布，就像一条单人床床单。穿着时，一端披在左肩上，遮护左臂；另一端斜披，掩护右腋。另一衣是厥修罗，乃梵文Kusūla的音译，是一种筒状的下裙。这两衣原来归比丘尼专用，后来比丘也有穿僧祇支的了。

从上述情况可以推论出：要按后来汉化佛教的区分方

法，南亚次大陆原始佛教僧人的衣着中，够得上称为"法服"的，也就是能在正规场合穿的，只有三衣中的前两种；其余的，包括"五衣"在内的剩下的三种，按其用途来看，不过是内衣一类，相当于"常服"而已。

还有一种"缦衣"，是梵文Patta的意译，音译是"钵吒"。它是用两幅整幅的布料缝制而成的"袈裟"。它没有"田相"，因而又称"缦条衣"，简称"缦条"。它是专为出家二众以外的五众准备的制服。在汉化佛教中，沙弥和沙弥尼、式叉摩那这三众必须穿。但优婆塞和优婆夷在礼佛拜忏和参加法会时必须穿，进行八关斋戒时更得穿。据《四分律》卷四十所载，我佛听许比丘和比丘尼穿着不割截的安陀会，汉化佛教以缦衣当之，因此，出家二众在非正式的场合及日常生活中也可以穿。实际上，这是让在家二众和未受具足戒的三众把缦衣当法服穿，而出家二众却把它当常服来穿。这种办法也是汉化佛教发明的，古代南亚次大陆原始佛教的僧人只不过拿不割截的安陀会当内衣穿，相当于我们现代人穿的衬衣、背心之类贴身小衣罢了。

佛教法服，特别是三衣，在使用颜色方面有两项主要规定：一则不许用上色或纯色。二则在衣服上，尤其是在新制的衣服上，必须点上一块别的颜色。点上的也不能是上色或者纯色。用意是破坏衣色的整齐，从而防止二众对衣服产生贪著心理。这种做法称为"坏色"或"点净"。

我们先说颜色。什么是上色和纯色呢？据《五分律》卷二十中说："不听着纯青黄赤白黑色衣。"还说，黑色的衣服是产母所着，二众穿了，就犯"波逸提"（梵文Pāyattika的音译，意译"应忏悔"）的轻罪；其他四色，犯者"突吉罗"（梵文Duskṛta的音译，意译"小过"）。《萨婆多毗尼毗婆沙》卷八中也提出，不能用"黄赤青黑白五大色"，还举出一些纯色如黄蓝、郁金、落沙、青黛等也不能用；但某些颜色如浅青色和碧色，以及赤黄白色不纯大者，许作衣里。只可用皂色、木兰色（音译为"乾陀"色，据说是一种赤黑色）作衣。此经中还举出一些不如法的颜色，所说颇为细致，请参看，不赘引。此外，《摩诃僧祇律》卷二十八举出十种染色为不可用，对应地举出五种染色可用；《毗尼母经》卷八也举出十种树皮、树叶等可用于染色；这些都是从染色的角度来作区别与规定的。在本段结尾之处，还可对"乾陀"饶舌几句：它是梵文Gandha的音译，是一种产在南亚次大陆南部的乔木，树皮可供染色用。有的《律》中说，它染出的颜色是赤黄色；也有的如上所说是赤黑色。古代染色常为多次染，颜色有深浅之分不足怪。这种树和中国的木兰树是否同属一科，笔者可就不知道了，还得质诸高明。

三衣的颜色，按各种律的规定，以"三种坏色"为主，称为"三如法色"。这三种色是不纯正的青色，还有泥色和木兰色。"坏色"的意思是"颜色不正，不美而浊"。梵文中有一个专门表达的词叫"Kasāya",它的本义是指一种草,引申为由这种草取汁染色而成的"赤褐色",再进一步引申出的意译就是"不正色"(色儿不正的颜色)。据说,古代南亚次大陆的"猎师"等人就常穿这种颜色的衣服,大约取其可作伪装色彩之故。从来,有强烈欲望的喜爱华丽衣饰的贵族和青年(特别是其中的女性)是会选择亮丽的色彩的;暗淡无光的或是过浅过深的色彩,总会被目为颜色不正。佛教不许贪恋一切可以使人贪恋的事物,追求朴实无华的生活,所以规定法服的颜色必须是一种不正色,大约最初首选的是"kasāya"这种赤褐色。据《大唐西域记》卷一和卷二记载,释迦牟尼佛留下的僧伽梨袈裟是黄赤色的,阿难的弟子留下的九条衣袈裟是绛赤色的;《一切有部毗奈耶杂事》卷二十九说,佛的姨妈和五百释女出家穿的袈裟是赤色的,《善见律毗婆沙》卷二中提到的和尚所穿的衣服也是赤色的。这就说明,早期佛教僧人所穿衣服的颜色,大约都是这种红里带黑的或者红里带黄的"kasāya"色。因色以称衣,便以"袈裟"作为佛教法服的通俗性称呼。原来只用的是"加沙"两个字,后来用"加沙"两个字下面加"毛"的办法,创造出两个新字来。东晋时,葛洪创作《字苑》,又给"加沙"下面加上"衣"旁,从此沿袭下来。

以上,把南亚次大陆原始佛教对法服和"常服"颜色的选择作了简单介绍。这种选择是有它本身的理论上的意义的。从清净修行这一方面看，此类规定可以说是好的。可是，从宗教传播扩大影响方面看，这种做法也有欠考虑之处：一大群僧人出外传教、化缘，从三衣和粪扫衣的裁制看，可以说是穿得破烂不堪；从袈裟的颜色看，则是暗淡无光。这种类似乞丐的形象，对传教未必有利。汉化佛教在自己的发展过程中，对此进行了大胆改革。

再略说"点净"。"点"有"弄成小脏污、小作涂抹"之义；"净"按佛教教义，则有"离弃过失与是非而为清净"之义。具体到在袈裟上的做法，据《毗尼母经》中说，要用"三点作净法"，即是："一用泥，二用青，三用不均色。用此三种三点净衣。"后来汉化佛教二众在受用新袈裟时，以少部分故衣缝贴在新袈裟之上，或者用墨在新衣上点上几点，就算是点净了。

（三）汉化佛教僧人服饰传流所自及其改革之要点

首先要说明的三点是：

第一点，释迦牟尼佛涅槃后几百年间，原始佛教在教理上分为许多部（一般说是二十部），在戒律上也分为五部。各部之间对三衣颜色的认识与规定略有不同，因而导致所穿袈裟的颜色各异。但是，"Kasāya"色，在五部中还是通用的。这些部派衣着颜色不同的情况，早在佛教传入中国的初期就传播过来了，后汉安世高译《大比丘三千威仪》卷下，东晋失译（译者与所出不明）《舍利弗问经》中，都讲到五部法服颜色之不同。同时，对"袈裟"的属于"赤褐"颜色的那种意义，各种佛经也有介绍。因此，在佛教传入中国的早期，僧侣还是以披赤衣为教派法服。汉末牟子的《理惑论》中就说："今沙门被赤布，日一食，闭六情，自毕于世。"说的就是这番情状了。当然，各部派对法衣颜色各行其是的解释，也为汉化佛教对僧服颜色的采用与解释开了先河。

下面再说属于灵活机动范围的第二点，南亚次大陆地域广阔，各地气候相差很大。有些僧侣也不太遵守只许受持"三衣一钵"的规定。因此，佛教戒律中渐渐对二众应受持的衣物采取宽松的解释。综合《四分律删繁补阙行事抄》卷下、《萨婆多毗尼毗婆沙》卷五、《四分律含注戒本疏》卷三等经疏的说明，大致是，可以按照僧侣受持的衣物多少，区别出"制"和"听"两个教门。制门的二众是最能遵守清规戒律的"上品"，他们只受持三衣和"六物"（三衣加一钵一坐具一漉水囊）。听门的僧侣又分两类。一类是"中品"，他们可以拥有"百一物"。百一物的意思是，除了三衣一钵以外，还可以保有一些日用品和其他非三衣的常服，但每种只能保留一件。"百"是以定数代不定数，表示"多"的意思。《五分律》卷二十和《善见律毗婆沙》卷十四等经典中，都列举出许多特许受持的百一物种类，在此不赘述。超过三衣一钵和百一物的多出来的衣物，称为"长物"。另一类"下品"的僧侣可以受持，其中包括"众宝"在内。但是，要保留长物，必须先"说净"。说净又称"净施"，是梵文Vikalpana的意译。办法是：僧侣受到别人赠送的长物时，必须先返赠给对方或另外一个人（可以是另一僧侣），并对其说明赠与的意旨，然后对方再回赠给这个僧侣。这是为了除去僧人对财物的贪恋而采取的权宜之计，是为了表现出出家人以少欲知足为生活总则。从施与这一角度，译为"净施"；从讲说施与意旨这一角度，译为"说净"。

以上两点，对善于灵活机动的中国人启发甚大。这就要谈到第三点，即是：中国人最喜欢和善于做"外为中用"和消化吸收使之汉化的事情，在佛教法服、常服方面，以及佛和菩萨、诸天鬼神的衣饰方面，更是对这一做法加以扩大化。我们必须注意的是，早期汉化佛教的传播中，从西域、南方、海路等处来的全是番僧，传来的经典出处也不一致，怎么说的都有。中国人结合本身情况来学，学的也是非驴非马。好有一比，正像老舍小说《赵子曰》中所描绘的老北京中国厨子开的西餐馆，虽然要的是刀叉，菜味儿可变了不少，还有炸小丸子蘸果子酱蒙老乡；喝的酒敢情是二锅头，能划拳。

后来，特别是在唐朝，西行求法的巨擘如玄奘、义净等人从南亚次大陆回来，经他们一说，大家渐渐明白了两条。头一条，中国僧人的法服和那里的一比，满不对路。"着至西方，人皆共笑。"第二条则是，那里的法服和一般人穿的衣服，颇为简陋："又西方俗侣、官人、贵胜，所着衣服，唯有白叠一双。贫贱之流，唯有一布。出家法众但畜三衣六物，乐盈长者方用十三资具。"不见得比中国文明，更不搪寒。聪明的中国人明白了：第一是过去没学像；第二是不必非得照着样儿学，可以照猫画虎，自行创制嘛。尽管如义净等人大声疾呼，说要按照佛祖原籍那儿的样子办，可是拧不过国内的现状。时代在发展，南亚次大陆的佛教衰落，更使照搬外国成法的人无所依归。洋派的老皇历看不得了，终究还是按中国人自己的法子去办了。而且还推行到东北亚日本、朝鲜和东南亚一部分地区去了。

总而言之，从历史发展上看，汉化佛教对法服的改革或者说改变，大致有以下几处根本性的要点：

（1）把三衣外加五衣中的僧祇支，基本上都作为单一外覆的法服来穿用。如前所述，古代南亚次大陆的三衣，可以一件套一件地穿，大体相当于现代人穿衬衫套西服再套上大衣。可是根据汉地风俗习惯与气候，是无法将那些布片在身上缠来缠去搪寒的。再说，华人对外来的宗教多少有些神秘感，把僧人的法服也看成带点佛法气息。还有，古代中国封建社会衣着表现的等级和阶级成分很强。所以,把外来的三衣和僧祇支一律同等对待,使之成为一种标志性的外罩。实际上是提高了大衣以外各衣的地位。要让释迦牟尼佛一看,好有一比,等于现代人把燕尾服、西服、衬衫同等对待,穿哪件都可以出席正规议会活动。可是,中国人又不把三衣套着穿。怪哉!

(2)里面所穿的内衣和日常工作与生活所穿的便服,可就是大体依据汉族的服装自行设计的了。它们构成了汉化佛教僧人常服的主要模式,而且随时代的发展而有进展与变化。

(3)法服与常服的颜色,也是不主故常,变化多端。高级政治领导阶层常对此施加影响。

(四)历史上所见的汉化佛教僧侣法服与常服简述

如上所述,汉化佛教的僧服,一方面得遵从清规戒律的规定,参照南亚次大陆的老式样;另一方面,受当时当地社会的影响,要考虑气候、民俗等情况变通行事;再一方面,还受到高层领导如帝王以及政府机构的制约和强制。两千年间变化多端,以至于今,成为不同时代流传下来的混合体系。

先说法服。汉化佛教的法服,主要是单独外披的三衣,特别是大衣。但是,有两种特殊的大衣形制,必须提出来说一说。

一种是金襕衣，它的本义是指金缕织成的袈裟，经典中又有称为金叠（氎）、金襕袈裟、金缕袈裟、金色衣、黄金叠（氎）衣、金色叠（氎）衣的。有关此衣的故事在经典中常常提到，所说不一，综合起来，大致是：释迦牟尼佛的姨妈（也就是他的养母和继母）手织金色的叠（氎），献给如来。释迦牟尼佛施舍给众僧，大家又还给释迦牟尼佛。此外据说在释迦牟尼佛将涅槃时，弟子福贵献黄金叠衣，佛为之说法。唐代著名外交家王玄策所著《西域志》中记载说，在佛入灭的婆罗双树边，佛涅槃卧像之上覆盖着金色袈裟。王氏是拿这事当稀罕事儿来说，可见当时中国少见。玄奘在天竺听来的故事则是：释迦牟尼佛涅槃时，将此金色衣授与大弟子迦叶，并指令他以后传与弥勒。在佛教传法系统中，弥勒是未来佛，是释迦牟尼佛的接班人。衣钵相传又是后来佛教师徒授受的重要手续。因此，这种袈裟渐渐带有传法的意味。与汉化佛教有缘的文士，很早就用"金叠"来比喻佛法了，如南北朝时梁元帝所著《〈金楼子〉序》中有云："内宏金叠之典"；庾信的《五张寺经藏碑》中说："银函东度，金叠南翻"，都是以此来借代佛法与佛典。至于汉化佛教的僧人穿这种袈裟，大约始于五代北宋初，并迅速传到东北亚地区。《宋高僧传》卷二十八中记载，高丽国王曾送给钱塘永明寺高僧延寿"金线织成袈裟"，就是一证。后来汉化佛教中传法时，常常传付金线袈裟，其根据便是如上所说。还有一说是，作为汉化佛教禅宗初祖的达摩，传衣时所传就是这种袈裟。所以后来禅宗传法必用此衣。可是，又有资料说，达摩所传的只是一件"屈昫衣"。"屈昫"是梵文Karpāsaka的音译，意译是"大细布""第一好布"，据说是一种棉花芯织成的细布，那时中国还不种棉花，此布是达摩从西域带来的。《宋高僧传》卷八中的"慧能传"内说，达摩所传，就是一件青黑色的西域棉布作面的七条袈裟，里子是"碧缣"。看来，达摩面壁多年，哪有什么长物，这一说法比较切合实际。可是，现当代汉化佛教大法师在举行正规大型法事法会时，一般都身披黄色或红色的用金线或银线界成水田格的袈裟，以示传宗有自。这种着装颇具威仪，僧俗人等瞻仰起来效果很好。这也是汉化佛教的一种创造性的发展成果吧。

下面再说"赐紫""赐绯"与"赐黄"。这些都是中国古代中央政府机构特别是皇帝强加给佛教的改换袈裟颜色的办法，更是汉化佛教法服的一种创造性发展成果。与上一种不同之处则在于它是外加的，以非佛教的世俗政府机关行政命令行之，所以推行的时间往往长不了，随着某些封建王朝的告终而结束。

先说"赐紫"与"赐绯"。唐宋两朝，三品以上官员的公服为紫色，五品以上则为绯色。但是，官位不及而有大功，或者因皇帝宠爱，都可特别赐紫或赐绯。佛制律法，原是不许用紫色的。唐代载初元年（690年），武则天因为僧人法朗等九人重译《大云经》制造女皇登基舆论有功，赐他们紫袈裟，是为僧人蒙受皇恩赐紫之嚆〔hāo，蒿〕矢。唐玄宗时，沙门崇宪以精通医学治病有效而蒙赐绯，也是一则著名故事。可是，托钵宫门，毕竟有清客或鹰犬之诮，唐代郑谷所谓"爱僧不爱紫衣僧"，说的就是人们的这般心态啦。也有坚守清规戒律不慕名利抗旨不遵的，如宋徽宗钦赐曹洞宗高僧芙蓉道楷（1043—1118年）紫衣与法号，道楷上表固辞，以致触怒了皇帝，将他下狱，接着黥面发配，但道楷始终没有动摇。他的高风亮节，深得千古缁素钦仰。

爱虚荣的僧人也不少，蒙赐紫后更有某些特权可享，因此，一些僧人趋之若鹜。从五代到北宋，赐紫的范围越来越宽，蒙赐的越来越多。北宋开宝二年到太平兴国四年（969—979年）之间，政府索性公开考试：每当皇帝诞辰，就召天下僧人愿应试者至殿庭，以三藏经律论之奥义十条为题，举行国家最高级考试。全部通过者，赐紫。据笔者看，这种做法倒是不错。机会面前人人平等，还可提高佛教界的学术水平。可惜后来没有坚持办下去，据说是因为得到这种"学位"的僧人太多太滥。管理僧人的功德使上奏，请求废止，改为由王公大臣推荐，再从中选拔。笔者认为，考试法优于推荐法，已是在我国经过多次实践反复证明过的事情了。补说一句，唐宋以后，虽时有赐紫之事，范围已经很窄。现当代僧人穿紫色、绯色袈裟的，已是绝无仅有了。

再说"赐黄"。这是元朝时候的事。它导致后来法服以黄色为尊。实际上，这也是与佛说律典不合的事。不过，黄色是一种亮丽的颜色，如果法服整洁干净，的确能显示僧侣的威仪。为了光大佛门，想我佛亦当默许。

中国大部分地区气候寒冷，单披三衣是不足以御寒的，所以，援据佛制许蓄百一物以至长物的清规戒律，于三衣之外再加别的衣服，就是很正常的了。大约从佛教传入中国不久，僧服就发展为法服和常服两个系统。法服基本上按南亚次大陆佛法成规，三衣和五衣都照猫画虎。早期的僧人拜佛做法事时还是偏袒的，后来大约一因天气冷，二因老光膀子不合国情，尼僧惹人围观，自不必说；比丘露一肘，后魏时，宫人见了认为不雅观，出主意给套上袖子，号称"偏（褊）衫"。后来改进成开脊接领式，僧尼全可穿，成为一种汉化佛教的常服了。还发明了内衬带袖常服外覆偏袒法衣的办法，沿袭至今。至于式样，早期的常服大约与当时老百姓的衣服没有什么两样。据《续高僧传》卷八记载，到了东魏末年法上当一国的僧人总管时，认为僧俗人等"仪服通混"，于是"制样别行，使夫道俗两异"。这才慢慢地有点区分。可是，直到唐代，义净留学归来后浩叹说，僧侣还在穿用俗人的"禅裤袍襦""咸乖本制"；他对比丘尼的批评

汉化佛教法器与服饰

着袈裟的法师

更厉害:"东夏诸尼衣皆涉俗,所有着用并皆乖仪"。可见,僧人的常服还是相当杂乱,僧俗不分的情况还是相当严重。大约就这样随着时代的发展慢慢走,直到明朝灭亡的时候才初步告一段落。这期间,有几种僧人常穿的常服需要提出来说一说。

一种是"直裰"。又作直缀,缀有"缝合、连缀"之意。它是把褊衫和僧裙（厥修罗的变种）连接缝合在一起的僧服。它介于法服与常服之间，从唐代末年开始流行。禅宗的僧侣特别重视它，有时作为代用的法衣来穿。出家五众全可以穿。它的颜色以皂色为主，那是一种灰黑色。《水浒传》中，花和尚鲁智深、行者武松都穿皂色直裰。到了第八十二回受招安入朝面君时，鲁智深换了烈火僧衣（红色的袈裟），武松还得穿皂色直裰，出家二众与其余未受具足戒的三众的衣着区别是很清楚的。必须补充说几句：古代俗人家居常服也有一种直裰，道士也穿，所以亦名"道袍"。它是一种大袖袍，缘宽边，下加栏，前系长带。如《儒林外史》第一回所说："一个穿宝蓝直裰，两人穿元色直裰"，指的就是这种一般人的燕居常服，切不可与僧人的直裰混为一谈。

另一种是"大袍"，别名"海青"。它从中国古代宽袍大袖的袍服变化而来。特点是衣袖宽大。现当代佛门七众在礼佛和比较正规的场合用作外衣。出家二众在礼佛、诵经、正式集会时穿大袍，将三衣中之一种披在大袍之外。其余五众只可穿大袍，不披袈裟。大袍的颜色一般只有两种：一种是黑色的，七众都可以穿；另一种披是黄色的，只限于方丈和法会中主法的大法师才能穿。它是一种中国式样的"法服"，要按非三衣不能称法服的严格要求，它并非佛衣，只是常服中比较正规的一种罢了。

僧家常服另有三种，即小褂、中褂和长褂。小褂属于"内着衣"，与中国农民常穿的小褂式样差不多，中式立领，有二至四个贴兜（常为靠下的两个兜），过去用扣襻在中间扣拢，现在多改为纽扣。它的长度到腰部，又称"短褂"。中褂又称"罗汉褂"，式样和小褂相同，长到膝盖，一般有上下左右四个兜。这两种是僧人最常穿的常服，一般都配中式的褂裤，裤腿用脚绷（又叫"行缠"）扎紧，并和长统布袜子扎在一起，这就必须穿僧鞋了。一般的僧鞋有布鞋、麻鞋、草鞋，常见的式样是"洒鞋"式，还有"八搭麻鞋"式。长褂又称长衫，仿古代斜领常服，变化而成。特点是在斜襟上割截成小块，作为"福田""衲衣"之象征。

汉化佛教僧人早期常用的法衣颜色，似乎还是以佛典所定赤褐色为主。常服，为了与老百姓和道教等教派信徒所穿相区别，用的是颜色偏黑的缁衣。三国南北朝的老百姓常穿的是白色的不带花纹的素衣，黑白对映，僧和俗两种人也就"缁素"并称了。《北史·上党刚肃王焕传》中说："初，术氏言：亡高者黑衣。由是自神武后，每出行不欲见桑门，为黑衣故也。"周武帝更因此禁止僧人服缁，下令改穿和道士服装一样的黄色。这段禁服时间很短，可是给此后僧人服装颜色多样造成借口。僧人不但继续穿黑衣，而且穿起黄色的法服来。隋唐早期，"荒乱之后，法律（指佛教的清规戒律）不行。……身御俗服，同诸流俗。"（《续高僧传·慧休传》）不但常服随俗，颜色多样，就连法服所用的颜色也多起来了。明太祖朱元璋是沙弥出身，亲见此种混乱情况，因势利导，下令按颜色区分各宗派僧侣的服装。他在洪武十四年（1381年）下诏规定："禅僧：茶褐常服，青绦，玉色袈裟；讲僧：玉色常服，绿绦，浅红色袈裟；教僧（按：就是律僧）：皂常服，黑绦，浅红袈裟；僧官皆如之。唯僧录司官袈裟皆绿纹，饰以金。"据《竹窗二笔》说，明代讲僧还有穿蓝色常服的；《山堂肆考》说，瑜伽僧穿葱白色常服。真是五颜六色，缤纷花雨看飞天。

满清入关，下令剃发改服，但是和尚、道士例外。很多遗老遁入空门，以存故国衣冠之旧。从此僧服保持明末式样，颜色也因各宗派渐渐融合而趋向大体一致，不外褐、黄、黑、灰，大法师的袈裟除黄色外，还有穿烈火红色的。还有一种黄不黄绿不绿的中间色，俗称湘色，也是一种流行色。

总之，汉化佛教的法服和常服，式样多种，颜色多样。其法服主要采用经过改造的南亚次大陆三衣方袍式；常服则是南北朝至明代不断发展的结果，主要采用俗家服装而略加改造，持续至今。

六、随身具

（一）随身具

这一节中，讲的是僧人个人可以保留哪些私有物品的事。"随身具"这个术语，大致可以概括允许僧人保留的个人生活与学习用品的全部内容。

佛教出家五众，即比丘、比丘尼、沙弥、沙弥尼和式叉摩那，大体上可以总称为僧伽，这是梵文saṃghā的音译；意译有"和""众""和合众"等，还有因众僧人和合如海水一味，而译为"海众"的；另有音加意译为"僧侣""僧家""僧伍"的。这个词语是集体性质的称谓，指信受佛法的修行团体，必需四人以上才能组成僧伽。可是经过发展使用，则只要是出家五众，一个人也能算是一个僧人了。简称为僧。汉化佛教则常把比丘和比丘尼合称为"僧尼"，统称还是"僧"，比丘尼也可简称为"尼"。沙弥和沙弥尼也算在僧或僧尼之列，为了区别，称比丘等二众为大僧，沙弥等三众（包括式叉摩那）为小僧。出家人与在家人主要的不同点之一，就是放弃一切个人所有。因此，从原则上说，寺院中的一切动产和不动产均归僧伽集体所有。

如果进一步分析，按佛教的一种分类法，首先是把僧伽的所有动产和不动产都看成"三宝物"，再分成佛物、法物、僧物三类。佛物是属于"佛"的，大致包括殿堂、佛像和供奉佛的物品，如殿堂内的庄严物——三具足、幡幢、宝盖之类，还有施主施给佛像和菩萨像披的佛衣等等，都是属于佛的，是不能移作他用的。移用者按盗窃罪惩治。法物指的是与佛寺内和佛教经典相关的物品，如佛经，书写佛经等使用的文房四宝，收藏经典使用的经箱、经巾，供养这些法物的香花、三具足，等等。这些法物也是不能改作他种用途的。例如，把缮写过佛教经典的纸接着抄非佛教的世俗材料，或作为"反故"（用反面抄写），从佛教看来都是有罪的。僧物则包括寺院所属的不动产如房屋、土地等，动产如粮食、器物等，原则上是属于僧伽全体所有的。中国的寺院，1949年以前大体上分成"十方刹""子孙庙"两大类。十方刹的"三宝物"，特别是僧物，原则上属于世界上所有的僧伽，起码是属于某一宗派，中国的禅宗寺院就是如此。师徒是不能私相授受的，也就是说，谁也没有继承权。子孙庙的产权属于某个家族（俗称"家庙"），甚至是某个和尚的私产，师徒之间有继承权。但是，从佛教的原则来看，这种继承权也只是一种工作上、使用上的继承罢了，产权依然是属于"佛"的。1949年以后，中国大陆上的子孙庙基本消灭，现在中国佛教协会所属的寺院，全都是十方宝刹啦。

那么，一个僧人能拥有的"个人私有财产"还剩下点什么呢？大致地说，是以仅仅能供应自己生活与学习的最低限度必需品为限。从历史上看，其品种和保有的数量，则有逐渐增多之势。

（二）衣钵相传和比丘六物

原始的佛教团体，向古代南亚次大陆比佛教较早形成的一些教派学习到一种苦行的风习（其实，世界上许多大小宗教与教派在初传时都有舍弃荣华富贵苦行潜修的倾向）。据佛传，释迦牟尼刚出家时，就和路上遇到的穷人交换了衣服，把自己的华丽的王子服装换成了破衣，后来发展为佛教制定的僧人制服"袈裟"。我们在前面谈到，袈裟的初制只有"三衣"。再加上乞食所用的一个"钵"，衣食所须就足够了。所以，释迦牟尼佛制定"三衣一钵"为僧人的最低限

放在钵支上的钵

度必需品。僧人出家，以三衣一钵齐备为必要条件。一直到现在，汉化佛教僧人出家剃度的时候，必备条件之一还是它。二者合称"衣钵"，这是梵文Pātra-cīvara的意译。正因衣钵是出家人必不可少之物，所以中国禅宗传法，就以传衣钵为信物，称为"传衣钵"。传衣钵意义重大，象征着为师者已经把自己理解的佛法奥义传授给接班人了。禅宗有时把这件事说得既重要又神秘，著名的"夜半传衣"故事屡见于中国经典中：五祖弘忍到了正在碓坊舂米的慧能那里，以杖三击其碓。慧能心领神会，夜半三更入室，得到亲传佛法真谛和达摩老祖的付法衣钵，趁大家还不知道，出门往南方就跑。这则故事正好说明，在封建社会中，包括佛教在内的各行各业与家族之间，学习不传之秘的真本领和争夺接班人继承权的隐秘与白热化景象。李商隐从令狐楚学会了骈体文的章奏之学，连忙写诗感谢："自蒙半夜传衣后，不羡王祥得佩刀！"就连孙悟空跟须菩提祖师（虽为道教祖师，可是取的是释迦牟尼佛十大弟子之一的名字）学习七十二变，也得半夜入室才行。佛家传记之成为典故，影响诗文小说，此亦其鲜明例证也。

正因衣钵可以代表僧人私有的一切，而僧人一般说来又不能蓄有私财，所以，后来出现了一个有趣的词语引申义，就是，在汉化佛教中，反而把僧人个人持有和使用的钱财也委婉地称为"衣钵"。进而把主管寺院中钱财（常以住持名义存放）的僧人称为"衣钵侍者"，实际上，他大致相当于佛寺的财务处外加仓库负责人。他主管的仓库和存钱的房间称为"衣钵阁（或"房"）"，他的一本总账称为"衣钵簿"。

唐代留学南亚次大陆的著名僧人和翻译家义净所译的《根本说一切有部毗奈耶杂事》卷十七中载：

> 缘在室伐罗城，邬波难陀度一弟子，无钵可与。众人食时，各自洗钵，置于净处，出行礼塔。新出家者见钵便念："比有闲钵，我今将去，食后当还。"即便欲取上座阿若憍陈如钵。余人报言："具寿。此是尊者钵，汝不应将！"复更取余尊者马胜、贤善等钵，必刍问曰："汝无钵耶？"答言："我无。""谁先无钵度汝出家？"答曰："邬波驮耶、邬波难陀与我出家。"必刍讥耻："除彼恶行，谁不与钵令他出家！"

必刍白佛,佛言:"不应无钵令他出家。作者得越法罪!凡欲与他为出家者,先当与办所须六物:三衣,敷具,钵及水罗。"

在这里,释迦牟尼佛提出的出家所须的备办物品,除了衣钵外,还有敷具、水罗两种。后来习惯上把这六种合称为"六物"。

敷具就是我们在以前讲礼制的文章里面讲到过的"坐具"。它是梵文Nisīdana的意译,又译作"铺具""坐卧具",简称"具"。音译习用"尼师坛",这个音译词容易引起一些黄色的联想,现

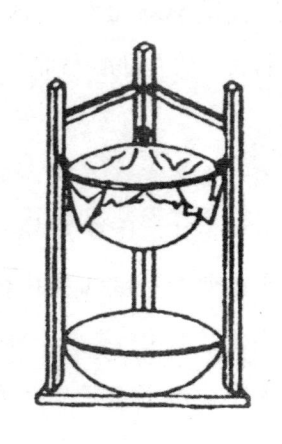

漉水囊

代有些人主张不用，或另造新的音译词替代它，或者统一使用意译词语"坐具"（或"座具"），笔者很赞成。它的作用和用法，我们在另外的文章里已经讲了，亦不赘述。这一节专讲水罗。

水罗的通称是"漉水囊"，它是梵文Paris-rāvaṇa的意译，又译作滤水囊、漉水袋、水滤、漉水器、漉囊、滤袋等等。音译则为"钵里萨罗伐拿"。古代南亚次大陆处于亚热带，水中小型生物相当多。佛教是主张不杀生的，因此，在用水时，要先用此物过滤，把其中的生物滤出，并把它们放生，使之还于水中。这也是释迦牟尼佛制定的戒律，在佛教经典特别是律部中经常讲到的。先试举有代表性的《四分律》（姚秦·佛陀耶舍共竺佛念等译）卷五十二所载来说明：

  尔时，世尊在舍卫国。六群比丘用杂虫水。诸居士见，皆共讥嫌："沙门释子无有慈心，断诸生命！自称言'我知正法'，如是，何有正法？"诸比丘白佛，佛言："不应用杂虫水，听作漉水囊。""不知云何作？"佛言："如勺形，若三角，若作横郭，若作漉瓶。若患细虫出，听安沙囊中。"彼以杂虫沙弃陆地，佛言："不应尔！听还安著水中。"

  时有二比丘共斗：在拘萨罗国行，一比丘持漉水囊漉水饮,其一比丘从借囊,不与,遂不得水饮,患极。诸比丘白佛,佛言:"有者应与!比丘不应无漉水囊行——乃至半由旬。若无,应以僧伽梨角漉水。"

补充几句:"由旬"是梵文Yojana的音译,又译作"由延""愉缮那"等。意译有"一程""驿""应""限量""和合"等。原意是"上轭套牛",引申为"套一次牛所行的路程"。并无确定长度,据各种推算,大约在10—20公里之间。"半由旬"大致相当于俗话说的"半天的路程"。"僧伽梨"就是我们前面讲到过的袈裟中的"大衣"。

关于出门要带此物的规定,《弥沙塞部和醯五分律》(刘宋·佛陀什共竺道生等译)卷二十六中说:

有二比丘共道行,无漉水囊。渴欲饮水,见中有虫。一比丘饮,一比丘不饮而死。饮水比丘行至佛所,以事白佛,佛言:"彼比丘有惭愧心,乃能守戒而死。从今不听无漉水囊行,犯者突吉罗!"有诸比丘欲近处行,无漉水囊,便不敢去。佛言:"听于半由旬内无漉水囊行。"复有二比丘共道行,一比丘有漉水囊,一比丘无。不相借,极渴乏,以是白佛,佛言:"我先不制无漉水囊行不得过半由旬耶!若是无漉水囊,有衣角可漉水者，听！欲行时，心念用以漉水。亦听蓄漉水筒。"诸比丘便用金银宝作，佛言："不应尔！听用铜铁竹木瓦石作之，以十种家施衣——细者——漫口，不听用粪扫衣。犯者突吉罗！"

也补充几句："突吉罗"是梵文Duskrta的音译，意译有恶作、小过、轻过等，是佛教清规戒律中的一种很轻的轻罪。如果犯了属于此罪规定范围内的错误，要是故意做出的，必须对另一个人（最好是和尚）忏悔；若是无心之过，自己自责便了。关于"金银宝"中宝的定义，据《僧祇律》卷十八中说："宝者，已成器。"并举例说："所谓天冠、宝盖、璎珞、拂柄、宝屐，如是等，宝所成器也。"还说，"名宝者"有"金、银、真珠、琉璃、珊瑚、琥珀"等等。这就把宝的取材和用它们制造的重要法器讲清楚了。

那么，如果没有漉水囊，走远道怎么办？《十诵律》（后秦·弗若多罗共鸠摩罗什译）卷五十七中载：

  漉水囊法者：比丘无漉水囊，不应远行。若有净水，若河水、流水，又复二十里有住处，不须漉水囊。是名漉水囊法。

注意：这里的"住处"指的是暂时停留之处，类似中国近代打尖的"尖站"之类地方。可见，这里极可能是用当时的中国里程来比附，翻译出的"二十里"，是不到"半由旬"的。

可是，按佛法制定，为了避免伤害小虫，在不外出时，在自己的长期的住处，也得漉水。这大概是后代的清规戒律越来越多，执行得也越来越严的发展开来的新情况。唐代的义净在留学时就目睹了这种严格执行的情况，在他的名著《南海寄归内法传》卷一第七条"晨旦观虫"中，就有详细而生动的记载。那是中国人所见古代南亚次大陆有关这方面情况的第一手真实记录，远比翻译来的那些故事要明晰真切，只是时代晚一些罢了。建议有兴趣的读者找来看一看。此书的新的中文"校注"本在1995年由北京中华书局出版，作者为北京大学东方学系王邦维教授，内容丰富，见解精到，很值得一读，建议觅来一观，我们就不再赘引了。

最后，可以谈谈以下不相关的三点：

（1）古代南亚次大陆滤水，不止用漉水囊。在《根本萨婆多部律摄》卷十一"受用有虫水学处"中，载有滤水器物五种，它们是：方罗、法瓶、君持迦（我们下面讲"十八物"时要讲到它）、酌水罗、衣角。但是，漉水囊是正式的最常规的滤水器物，看来却是肯定无疑的。别的器物，恐怕是临时代用品。《根本说一切有部百一羯磨》卷八的译者义净注，对此五种水罗有说明，请有兴趣的读者参看。

（2）看来，古代南亚次大陆的水质浑浊者多，所以强调滤水。这种做法大约来自民间，不过佛教将这件事提升到本宗教的理论上来认识，以不杀生为怀，所以才有还沙于流水的行动，把单纯的滤水行为发展了一步，并在道德方面加深了认识。这是一种从非宗教自发到宗教性自觉的升华。即使单从"慈悲""怜悯"的道德角度来看，也值得大大地肯定。

（3）即使单纯从卫生的角度来看，此种做法也是很值得提倡的。现在我们已经有更好的滤水方法，可是溯本追源，古人强调用水讲卫生的精神与做法，也是我们当代人应该好好学习的啊。

北宋杭州的著名僧人元照编译出《佛制比丘六物图》一卷，是汉化佛教经籍中研究六物的集成型资料。此后给元照的书作注的书还有五六种，也可参看。

（三）十八物

前面我们讲过，比丘的必备生活用品有逐渐增多之势。《善见律毗婆沙》（萧齐·僧伽跋陀罗译）卷七中载：

善来比丘者：有白衣来诣佛所，欲求出家。如来即观其根：因缘具足，应可度者。便唤言："善来

白化文文集

比丘！"须发自堕而成比丘。唤者如来于纳衣里出右手——手黄金色——以梵音声唤："善来！可修梵行，令尽苦源。"佛语未竟，便成比丘，得具足戒。三衣及瓦钵贯着左肩上，钵色如青郁波罗华，袈裟鲜明如赤莲华。针、线、斧子、漉水囊，皆悉备具。此八种物是出家人之所常用。

先插说几句："根"是梵文Indriya的意译，指的是人的器

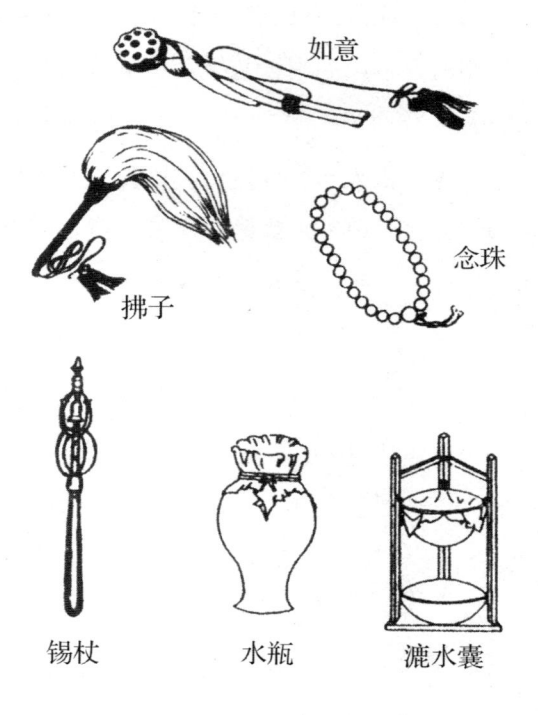

如意

拂子　　念珠

锡杖　　水瓶　　漉水囊

十八物（部分）

官及其机能与表现出的种种能力。后来汉化佛教通称为"根器"的便是。优秀的人,即能领悟佛法的人,就是有根器的人。"根器"这个专门性词语,后来发展到连道教和武侠小说中也使用,这也是佛教翻译对汉语词汇贡献之一例吧。

以上把六物扩展成八物。可是,这种规定后来并不通行。在中国元代制定的《百丈清规》卷五"办道具"一条中说:"将入丛林,先办道具。"下面开列的是:三衣、坐具、偏衫、裙、直裰、钵、锡杖、主杖、拂子、数珠、净瓶、滤水囊、戒刀。一共15种。这是元明时期大致归属禅宗的寺院对僧人必备用品的要求。

按佛经所说,大乘比丘游行四方之时,随身携带的生活与修行必备物品则是18种,称为"十八物"。《梵网经》(后秦·鸠摩罗什译)卷十下中载:

> 若佛子,常应二时头陀冬夏坐禅,结夏安居。
> 常用杨枝,澡豆,三衣,瓶,钵,坐具,锡杖,香炉,漉水囊,手巾,刀子,火燧,镊子,绳床,经,律,佛像,菩萨形象。
> 而菩萨行头陀时及游方时,行来百里千里,此十八种物常随其身。
> 头陀者,从正月十五日至三月十五日,八月十五日至十月十五日,是二时中,此十八种物常随其身,如鸟

比丘嚼杨枝刷牙

二翼。

上面讲到的"常用"物品加在一起是18种,就是"十八物"。其中的三衣、钵、坐具、锡杖、香炉,我们已经在别处讲过;漉水囊刚刚讲过;经、律、佛像、菩萨形象也不烦再讲。剩下的有:杨枝、澡豆、瓶、手巾、刀子、火燧、镊子、绳床等共八种。火燧是打火用具,僧俗各界人等都用,现在已被打火机、火柴等替代;绳床就是现代的"马扎"一类坐凳，也是大家都在用的；澡豆也是各界老幼通用之物，已被肥皂取代。我们就不谈它们了。其余五种，大致属于卫生用具，下面一一叙述。关于十八物的专门性参考资料，则有《大乘比丘十八物图》《十八种物图便蒙抄》等，大多是日本僧人把从中国传去的资料加以排比，绘图而成。请有兴趣的读者自行观览可也。

（四）齿木——杨枝

杨枝是梵文 Danta-kāstha的意译。danta义为牙齿，kāstha义为木片，因而又译作"齿木"。音译则为"惮哆家瑟诧"。它是古代南亚次大陆的人们日常习用的刷牙与刮舌木片。使用时，常由使用者自己取树枝啮成所须的形状。《四分律》卷五十三中载：

> 时诸比丘口臭，佛言："应嚼杨枝。不嚼杨枝有五事过：'口气臭，不别味，增益热阴，不引食，眼不明。'不嚼杨枝有如是五过。嚼杨枝有五事利益：'一、口气不臭，二、别味，三、热阴消，四、引食，五、眼明。'嚼杨枝有如是五事利益。"世尊既听嚼杨枝，彼嚼长杨枝，佛言："不应尔！听极长者一磔手。"彼嚼杨枝奇者，佛言："不应尔！"彼嚼杂叶

者，佛言："不应尔！"彼纯嚼皮，佛言："不应尔！"时有比丘嚼短杨枝，见佛恭敬故，便咽，即以为患。诸比丘白佛，佛言："不应尔！极短者长四指。"彼于多人行处嚼杨枝——若在温室，若在食堂，若在经行堂。诸比丘见，恶之，往白佛，佛言："不应尔！有三事应在屏处：大小便，嚼杨枝。如是三事应在屏处。"时诸比丘舌上多垢，佛言："听作刮舌刀。"彼用宝作，佛言："不应尔！听用骨、牙、角、铜、铁、白腊、铅、锡、舍罗、草、竹、苇、木。"

补充说几句："舍罗"是梵文Śalākā的音译，意译为"筹"。是一种筹算用的长条形筹码，用竹、木、金属制作的都有。

据清代释读体汇集的《毗尼日用切要》中说，有四种杨木可作梳齿之用，那就是白杨、青杨、赤杨、黄杨。可是，唐代义净的《南海寄归内法传》卷一第八条"朝嚼齿木"条，把亲眼所见的古代南亚次大陆僧人使用齿木的情状说得极为真切生动，而且辩驳说，齿木并非杨柳："岂容不识齿木，名作'杨枝'？西国柳树全稀，译者辄传斯号！佛齿木树实非杨柳，那烂陀寺目自亲观。"他在所著的另一名著《大唐西域求法高僧传》卷上的"慧轮传"中也记述："（那烂陀寺）根本殿西有佛齿木树，非是杨树。"而且据

《五分律》卷二十六中记载说：

> 佛言："有五种木不听嚼：漆树、毒树、舍夷树、摩头树、菩提树，余皆听嚼。"

补充说几句：关于"佛齿木树"，有二说：一说是，释迦牟尼佛曾用此树的木片揩齿；另一说是，释迦牟尼佛将用毕的齿木插在那儿就长成了此树。后一说，《法显传》中的"沙祇大国"条记载："出沙祇城南门，道东，佛本在此嚼杨枝已，刺土中，即生长七尺，不增不减。诸外道婆罗门嫉妒，或斫或拔，远弃之。其处续生如故。"《大唐西域记》卷五中也有同样的记载，说是"如来昔日六年于此说法导化。说法侧有奇树，高六七尺，春秋递代，常无增减。是如来昔尝净齿，弃其遗枝，因植根底，繁茂至今。诸邪见人及外道众竟来残伐，寻生如故"。无论如何，玄奘是认识中国杨柳的，他没有说这株树是杨柳树。法显说是杨枝，与南北朝时对此故事中的梵文齿木译语相一致。如《四分律》卷五十一中就是这种译法："时有檀越次供日者，授佛杨枝。世尊为受，嚼已，弃著背后，即成大树。根茎枝叶扶疏茂盛。"

那么，把齿木译为杨枝，却是为何？看来，因为中国的杨柳多，木质也松散易嚼，所以，早期的译者也用类似于教义方面"格义"的办法,在事物方面便宜行事,译为杨枝了。这就影响了中国的佛教造像,特别是观音像。据说古代南亚次大陆敦请客人,先送上齿木和净瓶装的香水,表示"敬祝健康"之寓意,并有"恳请光临"的意思。所以,佛教仪式中敦请佛、菩萨光降,也用此法先行供奉。特别是请观音,如观音忏法中就说:"我今具杨枝净水,惟愿大悲哀怜受之。"久而久之,观音手执

净瓶

中国长颈花瓶形净瓶内插中国柳枝(青枝绿叶)的形象深入人心,至今观音像以手持杨柳净瓶为主流,几乎代替了应是经典标准像的"圣观音",成为新的标准像了。

《西游记》所载的观音洒杨枝水救活了人参果树的故事,已经尽人皆知。还有洒此种水救人的,中国早期的僧传记载中,有佛图澄用杨枝洒水念咒,救活了石勒的干儿子的故事。后来由密宗传入中国的"杨柳枝观音"形象,以手执杨枝为印相特点,其普度众生的工作重点在治病方面。千余年来流传并时有添加更新的大量观音灵验记与笔记小说记载中,就很有一些观音洒杨枝水,病人遍体清凉,立起沉疴的

故事。

（五）净瓶——军持

瓶是梵文Kundikā的意译，音译有"军持""军迟""君持""君迟""捃稚迦"等，是盛水的容器，俗称"水瓶"的便是。在古代南亚次大陆，根据用途之不同，它分净瓶、触瓶两大类。"触"是"不净"的意思。触瓶就是专供作此种用途的瓶，如冲厕所等用。义净的《南海寄归内法传》卷一第六条"水有二瓶"中，对它们的形制与用法有生动形象的说明：

净瓶、滤水囊

象鼻卷如意瓶出珠宝

凡水分净、触，瓶有二枚。净者咸用瓦、瓷，触者任兼铜、铁。净拟非时饮用，触乃便利所须。净则净手方持，必须安著净处。触乃触手随执，可于触处置之。唯斯净瓶及新净器所盛之水，非时合饮。余器盛者，名为时水，中前受饮，即是无愆。若于午后，饮便有过。其作瓶法：盖须连口，顶出尖台，可高两指，上通小穴，粗如铜箸，饮水可在此中。旁边则别开圆孔，拥口令上，竖高两指，孔如钱许——添水宜于此处，可受二三升，小成无用。斯之二穴，恐虫、尘入，或可著盖——或以竹、木，或将布叶而裹塞之。

接着，说明瓶袋的制作方法：

其瓶袋法式：可取布长二尺，宽一尺许，角摄两头，对处缝合。于两角头连施一襻，才长一磔。内瓶在中，挂膊而去。

补充说几句："时"指的是佛门过午不食的时。过午再吃食物，就是非时食了。可是，饮水——现代则宽松到可以喝点果汁之类饮料——则不限制（包括饮茶）。按义净在古代南亚次大陆所见，非时饮水还非得用净瓶存的水不可。净

155

瓶的样式，则像一个大肚细脖细壶嘴的中国酒壶。观音掌握的本是这个器皿，为了插青青河畔柳，衍变成中国长颈花瓶的样式，不带壶嘴儿，成为法宝。其实，在古代南亚次大陆它也就是个日用器物罢了，僧俗都用。主要是在汉化了的观音那里，提高了它的身分，并使之神秘化和成为神圣之物了。

必须说明的是，古代南亚次大陆另有一种瓶，梵文称为Kalaśa的便是。意译为瓶、贤瓶、善瓶、德瓶、功德瓶、如意瓶、吉祥瓶、满瓶、贤德瓶等；音译则为"迦罗奢"。密宗在曼荼罗（坛城）中常用此瓶，也用来灌顶。另有一种梵文称为Pūrṇa-ghaṭa的，也是一种瓶，音译"本囊伽吒"，意译"满瓶"。在中国佛教图画中，不太能看出这两种瓶和军持的明显区别。特别在中国近代实物中，如密宗坛城内盛香料和药品的瓶，大多中国化了。图画中如唐代敦煌所出绢画中的"毗沙门天王与眷属出行图"，天王上方画有六牙白象，象鼻子上绞动一个瓶子，瓶中不断涌出金银宝贝，那个瓶就是如意瓶。必须把后两种瓶和前面所说的比丘十八物中的军持区别开来。

（六）巾

手巾是梵文Snātra-sataka的意译。义净《南海寄归内法

壁画中的剃度场景

传》卷二"衣食所须"条中说,据他在古代南亚次大陆所见,包括"充身六物"中"三衣"和坐具在内的,属于布类的僧人应备衣物是"十三资具",也就是说,除了三衣以外,还有十种布片构成的物品。其中八种可以大致归入衣服系统,包括剃发衣、复疮疥衣、药资具衣等特殊用途的布片;还有两种则应归入手巾类,它们是拭身巾和拭面巾:

拭身巾是梵文Kāyaproñchana的意译,音译是"迦耶褒折娜",相当于现代人所用的洗澡毛巾一类物品。

拭面巾是梵文Mukhaproñchana的意译，音译是"木怯褒折娜"，相当于现代人所用的洗脸毛巾一类物品。

《翻译名义集》中，则把以上两种巾合在一起，同称为手巾，又取消了十三资具中最后一种"药资具衣"，加上另外两种：雨衣、包囊。还是13种，称为"十三资具衣"。

可是，僧俗人等日常使用的巾是多种多样的，绝不止以上两种。佛教律部经典中曾揭出有拭面巾、拭脚巾（又称"足巾"）、拭身巾、拭污巾（就是世俗称为"抹布"的）、钵巾（擦钵布，就是世俗称为"洗碗布"的）、扪泪巾（相当于世俗的手绢）等多种。

近代汉化佛教寺院中所备手巾也是多种多样。有一种公用的手巾是挂在架子上的，两头缝合，可以拉着循环地转着使用。僧堂和浴室里都准备有这种巾，用整幅布做成，规定为中国尺（宋代以下的）一丈二尺长，大约相当1.2米左右。当代寺院中早已各备个人用巾，公用巾趋于消失。这也是历史发展的必然。在使用各种毛巾方面，看来是日趋世俗化了。

（七）戒刀

戒刀是梵文Śastraka的意译，又译作"刀子"。它是僧人用来剃发、剪指甲、裁衣的小道具。镊子是梵文Ajapadaka-

弥勒经变之剃度

danda的意译，略称镊。它是做拔取鼻毛和肉中刺等用的。它们可称为僧人剪截用的代表性道具。实际上，特别是刀子，历史上衍变出来的品种比较多。

《十诵律》卷三十九中记载：

> 佛在舍卫国。时众僧发长。……时有一剃发人作比丘。上比丘作是念："若佛听我畜剃发刀剃僧发者，善！"是事白佛，佛言："听畜剃刀及与僧剃发。"

下面就是排比式记述：这个比丘想蓄截爪刀，为僧人剪指甲，佛又听许了；他又想蓄镊子，为僧人拔鼻毛，佛也听

壁画中的半月瓣剃刀

许了。以下又是一位出家前当过理发师的比丘尼，想为尼僧办这三件事，佛也听许了。

《五分律》卷二十六中记载：

> 时诸比丘养发令长，心不乐道，有返俗作外道者。诸白衣讥呵言："我等白衣养发，沙门释子亦复如是！有何等异？但著坏色割截衣而已耳！"诸比丘以是白佛，佛言："不应养发，犯者突吉罗！"诸比丘于作食处及讲堂、温室中剃发，以是白佛，佛言："不应尔！若老病不堪寒，听在温室中。"时诸比丘随次剃发，以是曰佛，佛言："不须随次。若有急事，听先剃；若无

急事，先洗者先剃。"时诸比丘于庭中处处剃发，不扫除。以是白佛，佛言："应在一处剃。剃已扫除，著水中、火中，若埋之。若无剃发师，比丘能剃者亦听。听畜剃刀。"有诸比丘鼻中毛长，佛言："听畜镊拔之。"诸比丘便以金银作镊，佛言："不应尔！听用铜、铁、牙、角、竹、木——除漆树。"有诸比丘耳中物塞，佛言："听畜挑耳物。"余亦如上。有诸比丘食入齿间，以致口臭，佛言："听畜挑齿物。"余亦如上。

以上讲的是：剃发的场所和清扫等事，镊子的质料问题，可以用耳挖勺和牙签的事。《毗奈耶杂事》卷三则讲的是裁衣刀及其质料与长度等问题：

缘在室伐罗城，时诸苾刍欲裁三衣，便以手裂，衣材损坏。以缘白佛，佛言："不应手裂，可刀子裁。"世尊许已，时有苾刍欲割裁衣，往俗人处，告言："居士：我须刀子，欲割截衣。"答曰："将去。"既裁衣已，送还彼人。居士报曰："此即相施。"答言："世尊不许。"以缘白佛，佛言："我许苾刍受畜刀子。"见佛许已，时众六众便以金、银、琉璃、颇梨诸宝，并余杂色种种奇珍庄饰其把。时诸俗旅见而问曰："圣者：此是何物？"答言："世尊听畜刀子。"彼言："仁等尚有欲事缠绕心耶！"时诸苾刍以缘白佛，佛言："苾刍！不应畜用金、银、琉璃、颇梨诸宝，并余杂色种种奇珍庄饰刀把。""若须刀子，纯用铁作。"彼便大长。俗人复问："此是何物？"答言："此是刀子，世尊听畜。"彼言："圣者：此是大刀，不是刀子。"以缘白佛，佛言："苾刍不畜长刀。"彼极小作，不堪割物。佛言："汝等应知：有三种刀子，谓大、中、小。大者可长六指，小者四指，二内名中。其状有二：一如鸟羽曲，二似鸡翎。不应尖直。"

《十诵律》卷三十七中还特别提到一种刀子的形状：

尔时比丘有贵价衣［料］，水中浣净，欲裁作衣。以齿啮其边，若共挽裂。此衣处处纵横破裂。佛言："从今听畜月头刀子，用裁衣。"

别的经典中也有提到这种"刀头如月刃"的刀子的，不赘引。据画图中所见，此种刀刃部像半月瓣形的刀子也用于剃发。如新疆吐鲁番伯孜克里克石窟第31窟左壁第三幅的壁画"剃度图"中，就有使用此种半月瓣形剃刀剃发的图画。古代中国理发师使用的剃刀，也是这种刀身不太长而刀刃为半月瓣形状的，但刀身宽度略窄些。如敦煌莫高窟第445窟北壁盛唐所绘"弥勒下生经变"壁画中，常被称道的"比丘尼入道剃度图"，剃度用的剃刀也是这种半月瓣形的，或者说是略窄些的鸟羽形的剃刀。有趣的是，直到1949年以前，笔者在北京的串胡同的剃头挑子上，以及乡村的小理发铺子中，还看见使用这种"中式"的"月头剃刀"，连老王麻子之类刀剪铺也在卖。它与近代才传入中国的欧洲男子所用的直身剃刀截然两种类型。

剃刀和裁衣刀等僧人所用的刀子统称为戒刀。《百丈清规》卷五引据说："《僧史略》（笔者按：《大宋僧史略》卷上）云：戒刀皆是道具，表断一切恶故。"《释氏要览》卷中"戒刀"条也据《僧史略》说："戒刀皆是道具。按律，许蓄月头刀子，为割衣故。今比丘蓄刀名'戒'者，盖佛不许斫截一切草木，坏鬼神村故。草木尚戒，况其他也。"以上说明，清规这样规定，是因为释迦牟尼佛禁止用像刀子之类的器物砍断一切草木，认为摧折有生之物是罪恶之故。杀人当然更不行了。况且用这样的四指长小刀杀人也很困难。我们经常读到的中国武侠小说中，讲到僧人常用的一种武器是"戒刀"，这种戒刀与上述的剃刀等戒刀完全是两码事，它是中国武术家自己创造的兵器。再往前不说，据多种明版小说的版画插图显示，就拿最著名的武松所用的两把戒刀来说吧，那是两把尖头薄身一面刃只容一手执的双

执拂尘着法服的僧人(《圜悟禅师语录》插图)

刀,其形状与明清两代部队中大量配备的腰刀极为相似。

在佛教律部经典中,有大量释迦牟尼佛谆谆教导僧人不许动武的话,就连出家前会武技的僧人炫耀自己的能为也是禁止的,还不许长期在军营里待着。但是,佛法又是除恶与引人向善的,遇见十恶不赦的恶人,实在感化不了,一时动了无明，开了杀戒，想世尊亦当默许。再说，出外游方，也得有点自卫的本事。中国僧人习武，实在是不得已的事啊！

（八）百一物

以上把僧人个人能够私人保有的生活与学习用品作了大致说明。实际上，随着时代与生产情况、地域与气候、民族与风尚等的不同，僧人私人用品的样式、质料、内涵也在不断变化。上面讲的不过是历史上有过的，清规戒律中规定过的罢了。汉化佛教的僧人早已因时制宜和因地制宜，有的地方也从俗了。例如内衣，像圆领衫和线背心、线裤之类，似乎也可以贴身穿了。不过，法服与常服虽然比起古代南亚次大陆来也有很大改变，可是，像某些日本僧人（在中国佛教徒看来，属于子孙庙之变种寺院的僧人，还能娶妻生子）如大谷光瑞等穿起西服来，却是不行。近代苏曼殊受日本僧人影响，据说有时在上海也穿起洋服来，他是游方革命诗僧，大家也就不以为怪了。

那么，汉化佛教的僧人究竟能保留哪些私有物品呢？保有的数量有何限制呢？

中国唐代南山律宗祖师道宣大师所著的《四分律含注戒本疏》中明确提出"制听二教"的说法：释迦牟尼佛制定的一定要持守的教法称为制教；方便融通可以随意持行的称为

听教。例如，三藏中，律藏为制教，经论二藏则为听教。具体到僧人的资具方面，六物，特别是三衣一钵，属于制门制法，一切僧人都应保有。特别是根性伶俐，能速发智解，堪受忍耐难行可证妙果的上根（又称"利根"）僧人，只可持衣钵，别的全不可受持。

中根的僧人，则可以受持"百一物"，又称"百一资具"。百是以定数代不定数，表示"很多"。一则表示每种物品只能持有一件。《五分律》卷二十和《善见律毗婆沙》卷十四中，都列举出许多听许受持的百一物，文繁不赘述，请读者自行参看。如上述，每种百一物都只能保有一件，多出来的便称为"长物"，不许保留。例如钵，只能有一个。上根的当然更只能有一个。

下根（又称"钝根"）的僧人，听许他们蓄有长物。又据律本如《四分律疏饰宗义记》卷五中说，对于一般僧人，也就是相当中根和下根的僧人来说，长物可在一定的时间内受持，期间有七日、十日、一个月三种。如要超过期限还在保留使用，那就犯了舍堕罪。舍堕是梵文Naih-sargika-prāyaścittika的意译，僧人所受具足戒中波逸提罪之一种。波逸提是梵文Pāyattika的音译，意译是"应忏悔"，属于轻罪。像舍堕，是必须把那些财物舍出来，且须在僧众前行之，才能算忏悔。如果还要长期保留长物，也有个商量，那就是对此进行一次"说净"。

说净又译作"净施",是梵文Vikalpana的意译。其涵义是:僧人在接受他人的财物布施时,不能直接接受,而需要先把此物回施给施主本人或另一个人,并在施与时解说布施的意义。然后,接受此物的人再把它回施给这位僧人,这项仪式才算完毕。这是为了表示僧人少欲知足的道理,也是为了除去僧人贪欲的权宜之法。这样,从得到的物品来说,是清净、干净的,故称为"净施";从仪式上要进行短暂的说法来看,可称为"说净"。

这样一来,就大开了方便之门,长期保有长物就合法多了,也方便多了。现代物质生活大大丰富,看来僧人也得随机应变,不可过于拘泥才是。当然,佛祖反朴归真的教言是必须遵从的。

(九)拂尘

拂尘,现代北方口语称为"蝇刷子"。是一种驱除蝇蚋的工具,相当于"马尾巴的功能之一"。其造型,一般为:细长的柄部,木制、竹制、藤制的常见,高级的有牙、犀、玉等质料的;和柄部相连接,如半个皮球状的束毛主轴底圈,常用骨、牙、犀等质料制成。栽在束毛圈上的刷毛,一般用长而软中硬的鬃毛制成。俗称也叫"拂子"。

佛教相当重视拂尘。据说,释迦牟尼佛历宝阶下凡时,

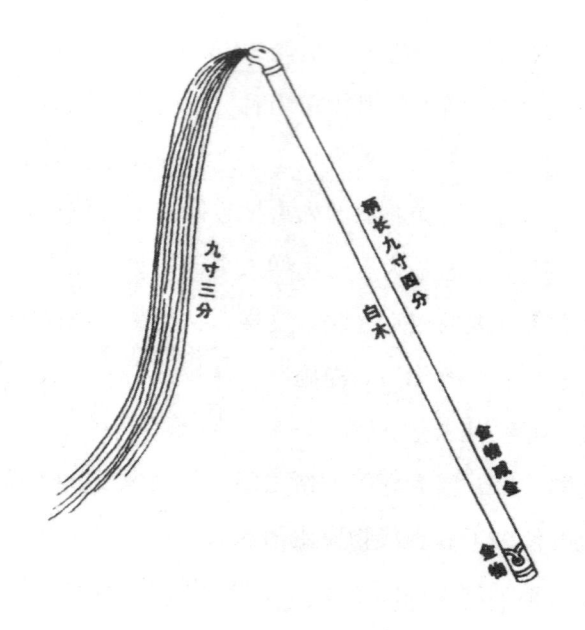

拂尘

大梵天王就手执白拂尘侍从。所以，佛教最重视白色的鬃拂尘。

此外，律部中更载有，为了防蚊蝇等，释迦牟尼佛教导僧人置备各种拂尘的记录。

讲经的僧人，最好手执器物，以助挥洒。魏晋名士清谈，常执持麈尾，以为谈柄。参加清谈的僧人也执持。所谈的是佛经义理。名士清谈家有时也手执如意，僧人也借来用，并且执持得比麈尾更加执着，大有化为自己的专用器物之意。可是道教更重视如意，佛教也就不怎么和道教争

锡杖

夺它啦。

拂尘，在世俗人家，本为侍者、侍女执持之物。北宋以还，禅宗执以说法。住持上堂说法，必用拂尘，称为"秉拂"。代理住持上堂的，还特称为"秉拂人"。特许五种职位的僧人才能秉拂，通称"秉拂五头首"，他们是：前堂首座、后堂首座、东藏主、西藏主、书记。此种规定沿袭至今。现在禅林和讲院住持上堂，还是手执拂尘。

（十）拄杖、禅杖和锡杖

埃及狮身人面兽让人猜的谜语是："早晨四条腿，中午两条腿，晚上三条腿，猜一猜，这是哪种动物？"答案是："人。"因为，婴儿用四肢爬，成人用两条腿走路，老人靠拐杖支撑。这拐杖，就是老年人的第三条腿。缁素概莫

169

锡杖

能外。

据《根本说一切有部毗奈耶杂事》卷六记载，释迦牟尼佛在王舍城鹫峰说法时，有一位老比丘在登山时跌倒了。佛就听许诸比丘中的老弱无力或病苦缠身者持用拄杖。这种杖，恐怕就是一般人用的拐棍儿。后来，中国的僧人，特别是禅宗的僧人，常在出外游行时，于所持的拄杖下半截约相当于从地面到自己膝盖的长度之处弄上一根横枝，作为渡水徒涉时探测水深之用，特称之为"探水"。这大约是中国游方的云水僧人对拄杖的实用性发展，很适合旅游使用。现当代大德老法师和老居士拄使的拐杖，据笔者所见，与一般老人所用者并无不同。

另据《十诵律》卷四十等记载，释迦牟尼佛指导弟子们坐禅时，有的僧人坐不住，不能澄心静虑，老是昏昏欲睡。佛便指导释子们用盆往头上浇凉水。这种盆原来没有把柄，掌握不住，掉在头上，"痛恼垂死"，佛说："应施柄！"可是，老往头上浇凉水，也非长久之计，于是又想出由禅侣用手敲他脑壳的办法，用毡球往他身上拽的办法，最后制定并制作出一种"禅杖"来。它是一根短棍儿，由禅侣用来捅醒瞌睡者。因为棍子头儿尖，常把衣服扎破，所以佛又制定："应以物裹杖头！"在用完了禅杖靠地安放的时候，"著地作声"。佛又指示："下头亦应裹！"还告诫说，取用时"应生敬心"，"应以两手捉杖戴顶上"。汉化佛教僧人坐禅时所用的禅杖，据《释氏要览》卷中和卷下记载，只是以竹、苇等细棍儿造成，只是一头儿用布或毡等物包裹，用来触动昏迷。这项工作由"下座"执行。下座者，披剃不久，法腊（出家年数）仅一至九年之禅和子也。这种禅杖平时靠放在禅堂的侧壁上，包裹的一头冲上。

但是，现代寺院中用来惊醒坐禅者的用具却是"警策棒"，简称为"警策"的。它是一种长而扁平的木板，长约一米多，宽有五到七厘米左右，上幅略微宽一些，下幅是把柄，有制成圆形的，也有扁的。有时也用竹篦代替。一般常在警策的上端正面书写"巡香"二字，下端背面书写"警昏沉"三字，以区分正反上下。警策由年长的师父一辈人掌握，用来纠正僧人坐禅时怠惰、打瞌睡、姿势不正等不良表现。用法是：先轻轻拍打对方右肩，这是预告；再不觉悟，接着可就重拍痛打了。接受教育的僧人清醒以后，合掌示谢；纠正者则横持警策，上端向左，正面向上，打一问讯。这种警策棒或竹篦，在诵经、师徒问答时也常使用。

下面再说"锡杖"，这要由天竺僧人外出乞食谈起。乞食是梵语Paindapātika的意译，又译为"分卫""托钵""行乞"等，但它与一般市井乞丐的乞食或说行乞大不相同，具有特殊的涵义，指的是僧人为资养色身而向世俗人家乞求施舍食物的一种行仪（行仪是僧人规范化了的日常例行行为，其中包括许多规矩、礼仪、

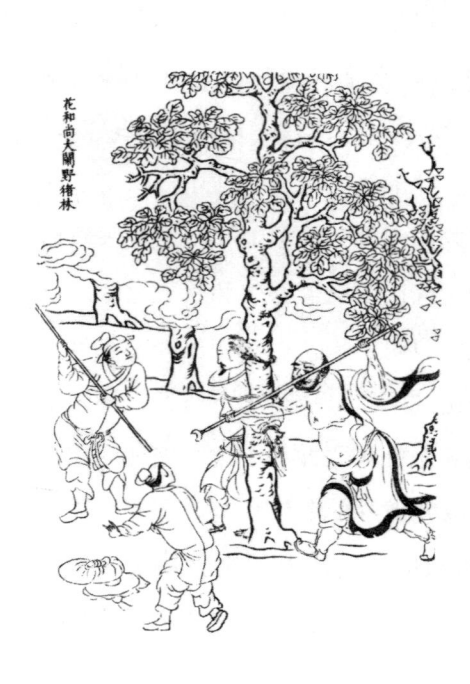

花和尚大闹野猪林

做法）。这样做的涵义有二：一是"自利"，即为方便行道而摆脱俗事（实际上是不事生产）；二是"利他"，即给予世俗人等因斋僧而得到的广种福田的机会。

据《根本说一切有部毗奈耶杂事》卷三十四等记载，释子外出乞食时，最初没有经验，默然而入人家，不受欢迎；佛指示可以"作声警觉"，于是再去的时候就"呵呵作声，喧闹而入"，结果更不受欢迎；佛又启示说："更无方便可使作声，唯此呵呵能为警觉？"再去的时候，僧人拳打门扇作声而入，更加不受欢迎。这时佛说了："不应打门，可作锡杖。"并且讲了锡杖的制式："杖头安环，圆如盏口。安小环子，摇动作声而为警觉。"

有《得道梯磴锡杖经》一卷，记载有关锡杖的事颇为详尽。汉化佛教大体上据此认识和制作、执持锡杖。下面我们也据此敷演一番。

先说，释迦牟尼佛告诉诸比丘，大家都应受持锡杖。包括过去、现在、未来诸佛和他们的弟子们在内，都是执持锡杖的。这是因为，锡杖可以彰显圣智的意图，从这一点上说，锡杖可称为"智杖"；它又是行功德之本，从这一点说，又可称为"德杖"。它是"圣人之表式，贤士之明记，趣道法之正幢"。也就是说，它是一种手持的标帜性法器，和王者的权杖、魏晋清谈名士手中的麈尾、教师的教鞭等物性质有点类似。据《开元释教录》卷三记载，《得道梯磴锡杖经》又名《得道梯磴经·锡杖品第十二》，即一部大经中分出的一小部分，"亦直云《锡杖经》"。它是东晋时出现的一部失译经（译者与所出不明的经）。后世有人怀疑它是伪经，即中国僧人依据某些外来佛教资料或传闻再加上自己的创造而编出来的经书。两晋南北朝正是清谈高潮期，作为身分标帜的麈尾、如意等盛极一时。中国僧人希望自己手中也掌握一种标识性的法器，于是把分卫用具升级，赋予更为神圣的意义，并加以经典性的说明，也是可能的事。

按唐代僧人义净在《南海寄归内法传》卷四中自述见闻，则锡杖的梵语称呼是"喫弃罗"，那就是梵语khakharaka的音译，《翻译名义集》卷七中则译为"隙弃罗"的。这两部书都说，意译为"锡杖"，意取"锡锡"作声，所以在有的佛书中又称为声杖、音声杖或鸣杖。据义净所见，"西方所持锡杖"的标准样式是，头上唯有一股铁卷，上面安大环套小环；中间是木竿，长度为高与肩齐；下安铁镦，长度是二寸左右。其环形状或圆或扁，数目或六或八，质地或铜或铁，并无严格要求。所以义净认为"原其制意"，不过是如他所译的《根本说一切有部毗奈耶杂事》卷三十四中所说，供分卫时摇动用，相当于小贩在主顾门口摇铃罢了。遇有恶狗出吠，有的比丘要用此杖打狗，佛言："不应以杖打狗"，举起杖来吓唬吓唬就行；有的狗一经吓唬闹得更凶，佛指示说："取一抄饭，掷地令食！"到了不信佛的家门口，摇动锡杖好长时间，还不见有人出来，怎么办？佛言："不应多时摇动。可二三度摇。无人问时，即须行去。"义净认为，如佛所说，"原其制意"，不过为分卫所用。他觉得，在汉化佛教中，踵事增华，把作用扩大了，殊可不必："何用辛苦擎奉劳心，而复通身总铁，头安四股，重滞将持，非常冷涩，非本制也。"

  义净的这番议论，恐怕是针对汉化佛教的情况，有的放矢。从《锡杖经》出现的晋代到唐代，佛教一直向汉化发展，又不断地有高僧长途跋涉赴天竺求取真经。像义净和玄奘这样了解天竺情况而又心存"正法"的僧人，肯定对汉化佛教的某些做法有异议。汉化佛教的锡杖早已从原始的敲门兼防狗的用途转化为高级的权杖，这种本质的转变，即使不算化腐朽为神奇，也得算化不神奇为神奇吧！它对提高僧人的地位大有帮助。这是多么聪明的一种变化方式啊！泥古不化和崇洋照搬终究是行不通的。试看陕西扶风法门寺出土的双轮十二环迎真身金银质花锡杖（皇家的文思院奉敕所造），便可窥见汉化佛教改造和提高锡杖身分的妙用。

应该说，《锡杖经》在概括并发展外来经典与传说中起到了集大成的作用。它明确说明有两种标准的锡杖：一种为四钴十二环，乃释迦牟尼佛所制立；另一种为二钴（义净补充说有六环，这就说明两种杖的说法乃是外来的，并非杜撰），乃迦叶佛所制立。它又概括出持锡杖威仪法，有二十五事，内容颇为杂乱。其中"年老""地有虫"等听许用杖的规定，似从原始的听用拄杖生发；"入檀越门，三抖撒，三反不出，从至余家"，则明显地是从分卫之法而来。但二十五事威仪提高锡杖身分，则是确切无疑。后世乃至当代，有法事的时候，法师常执持锡杖以表现身分地位，显示威仪，并作为法器使用，良有以也。

回转来再补说几句禅杖。后世以迄当代，在一般人心目中，它似乎成为佛门一切杖类的通称，把拄杖、锡杖等都包括在内，那种理解是不正确的。另有一种中国古代戏剧小说中常提到的武术家作战使用的禅杖，更与正规的佛家禅杖无缘。从历史上看，这种禅杖也是有变化的。例如，在著名的附有60幅精刻插图的杨定见本《水浒传》中，在五幅图中有鲁智深和他的禅杖的像。那禅杖是一根长棍，棍头上有一个小月牙状物，不知是否带刃。当代戏剧中的鲁智深却是担着一柄一头似平铲一头为大月牙的武器，看来两头都有刃。《西游记》中沙僧所用的"宝杖"与之同类。这种杖的造型与真正的佛家禅杖距离更远，恐怕只能称之为"方便铲"或"月牙铲"了。

七、璎珞、华鬘与数珠

在本书的最后一章中,我们将要讨论的,主要是以下三个问题:

(1)作为造像服饰——在汉化佛教中,似乎是菩萨级造像的服饰专用的璎珞与华鬘的来历、种类及其施用范围等问题,包括璎珞等可以用作殿堂内庄严具的问题。

(2)连带地讲一下本来可以附属在第五章"僧服"中说一说的汉化佛教造像服饰的事。

(3)连带地讲一下应该在第六章"随身具"中讲到的"数珠"。

这样安排,主要是迁就璎珞与华鬘。因为这两种随身服饰,在汉化佛教造像中,大致仅限于菩萨级和诸天中的个别人物佩戴,但它们又可以在殿堂中作为庄严具单独使用。它们又是数珠的原型，或者说，数珠是它们的实用型改造。把相关的这些放在第三、五、六这三章中讲，都有赶前错后的弊病，因而只可另辟一章，把它们集中在这里讲了。

（一）璎珞与华鬘

璎珞是古代南亚次大陆的人们——特别是贵族——用来装饰身体的一大类首饰的梵文意译。追溯佛经中相对应的梵文原来的词语，大致有以下几个：

Muktā-hāra，其中Muktā义为"珍珠"，hāra则有"成串"之义。这个词语的本义大致是"用珍珠等串成的首饰"。

Keyūra，音译是"吉由罗"，它大致指的是首饰中带在手臂上的手镯、臂钏一类饰物。

Ratnāvalī，这个词的本义大致是指"一连串的宝石"。

Rūcaka，这个词的本义大致是指"华鬘（花鬘）形的首饰"。而鬘本身，则是梵文Kusuma-mālā的意译。其中，Kusuma原指一种素馨属的植物，音译有"俱苏摩、拘薮摩、须曼那、须末那"等，特指它的花，在佛经中常用作一切花的以部分代全体的统称。mālā义为花环、环状物。也有用mālā来作Kusuma-mālā的简化词的。华鬘主要指一种环形颈饰，也就是现在南亚次大陆还在使用的花环，如我们在礼宾式中常见往贵宾脖子上套的那类饰物。它与Muktā-hāra的区别，大约主要在所用的串联饰物之不同，一为植物质，一属矿物质罢了。所以，有的佛经翻译家有时也把Kusuma-mālā或mālā译成"璎珞"了。

据此，我们可以把佛经中"璎珞"一物所指的内涵，宽泛地界定如下：

（1）它是环状的饰物，宽泛地说，包括挂在颈部和垂于胸部、戴于头部、戴在手臂和小腿等部位上的全算。

（2）它主要是用珍珠、宝石和贵金属串联制成的。宽泛地说，有时华鬘也可计算在内。

至于璎珞的用途，大致地说，在佛教兴起以前，古代南亚次大陆的人们早已使用它了。特别是那里的贵族，是经常用它来装饰自己的身体，并用来显示身份的。古代南亚次大陆的神，自然是贵族统治者在天上的投影化身，他们也是使用这类饰物的。玄奘《大唐西域记》卷二"衣饰"条中，记自己在古代南亚次大陆亲眼所见，无论男女，都可"首冠花鬘，身佩璎珞"。特别是贵族："国王、大臣，服玩良异：花鬘宝冠，以为首饰；环钏璎珞，而作身佩。"据《佛所行赞》卷一所载，释迦牟尼当太子时，就是"璎珞庄严身"的。又据《中阿含经》中的《木积喻经》，有许多青年女性修饰身体时使用的记录："年在盛时，沐浴香熏，著明净衣，华丞摩洛严饰其身。"

汉化佛教法器与服饰

遍体璎珞的菩萨（一）

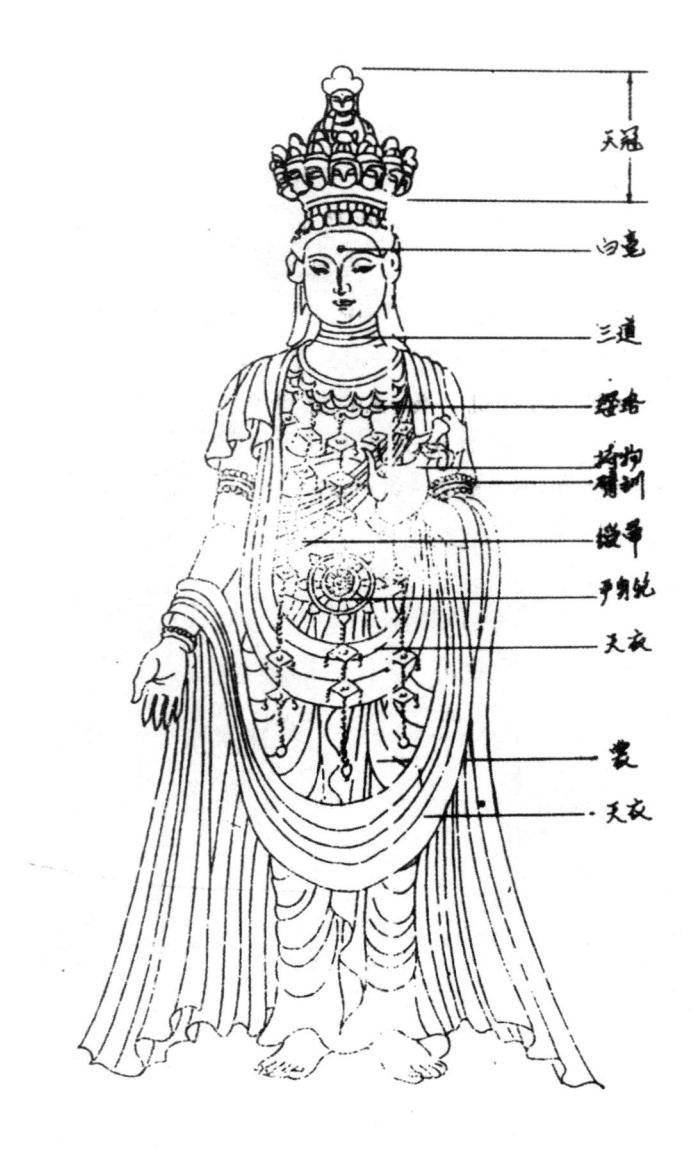

遍体璎珞的菩萨（二）

但是，哪些人能佩带这些，玄奘所见似乎也有等级和种姓等的区别限制："其有富商大贾，唯观而已。"不过也不尽然，如《妙法莲华经》的"信解品"中，讲到那位"富长者"及其失散了的儿子的故事时，描写儿子所见父亲的豪华富贵情状：

住立门侧，遥见其父：踞师子床，宝几承足。诸婆罗门、刹利居士，皆恭敬围绕。以真珠璎珞——价值千万——庄严其身。吏民童仆，手执白拂，侍立左右。覆以宝帐，垂诸华幡。香水洒地，散众名华。罗列宝物，出内取与。有如是等种种严饰，威德特尊。……穷子见父有大力势，即怀恐怖，悔来至此。窃作是念："此或是王，或是王等。……"

这是一位大富翁的气派。可是他有"吏民"伺候，说明在政治上身分不低。

至于从玄奘这位佛教徒眼中所见的各派"外道服饰"，则是"纷杂异制。或衣孔雀羽尾，或饰髑髅璎珞，……"在此说几句：玄奘所见的"饰髑髅璎珞"的"外道"，乃是信奉湿婆（梵文śiva的音译）的教徒。湿婆的意译名称是"大自在天"，为古代南亚次大陆三大主神之一，他的颈饰就是许多髑髅联结而成的璎珞，因而绰号为"饰髑髅璎珞者"

（梵文Kapālamālin的意译）。这个教派的教徒也采用此种璎珞作颈饰，所以绰号为"佩戴髑髅者"（梵文Kapāladhārin的意译）。据《大慈恩寺三藏法师传》卷一所载，玄奘过流沙时，有大神守护，据说就是"深沙大将"，根据有关他的仪轨，他的颈饰是髑髅璎珞。这就是《西游记》中沙僧造型的原型，为研究中国神魔小说的人所习知。

但是，佛门舍弃世上一切荣华富贵，按清规戒律的要求，是不能佩戴这些饰物的。《四分律》卷四中讲到八位释迦牟尼本家弟兄和他们的理发师优波离出家时的故事，就鲜明地反映了这种情况：

> 时阿那律释子、跋提释子、难提释子、金毗罗释子、难陀释子、跋难陀释子、阿难陀释子、提婆达释子、优波离削发师——第九——各净洗浴已，以香涂身，梳治须发，著珠璎珞。乘大象、马，出迦毗罗卫城。……时诸释子……下象，脱衣服、璎珞具，并象与优波离，语言："汝常依我等，以自存活。我等今者出家，以此宝衣并大象与汝，用自资生活。"……时优波离即以所得宝衣、璎珞，以白叠裹之，悬著高树，念言："其有来取者，与之！"……

这九位全都皈依释迦牟尼佛去了。可见，璎珞是古代南亚次大陆在家人特别是贵族（不分男女）的随身装饰品，出家僧人在一般情况下是不能佩戴璎珞的。佛经中类似的故事记载相当多，只举此一例以概之，不赘引。但应补充说几句：这里的"释子"，意为"释迦族的青年人"，他们尚未出家。与一般称说的"释子"指称出家的僧人，不是一个概念。

就是在俗的善男信女来参拜释迦牟尼佛的时候，也常把璎珞等首饰摘下来，以示尊敬。特别是在有求于佛的时候，更是如此。例如，《观无量寿佛经》卷上所载，阿阇世太子把父王频婆娑罗监禁起来，想把他饿死。母后韦提希前往探视。她洗澡后，把酥蜜和炒面粉掺在一起，抹在身上，又在璎珞的掩盖下带上葡萄浆，带给老王吃。后来韦提希祈求释迦牟尼佛来救驾，她一见到佛，立即"自绝璎珞，举身投地，号泣向佛"，这是一个典型的利用璎珞与由于尊敬对方而舍弃璎珞的事例。

华鬘，如上所述，是古代南亚次大陆盛行的一种装饰性花环。它主要是由鲜花编织而成，其作用料想和璎珞也差不多，只是多用为头饰和挂在身上作为颈饰类饰物罢了。

佛教摒弃世上的荣华富贵，因此，佛和罗汉等出家人是不佩戴璎珞、花环等饰物的。僧人在作为贵宾时短期内被人给戴上颈饰性质的花环，亦为戒律所许。只有菩萨级人物，除了现比丘形的如某些地藏菩萨等之外，正规的菩萨形象全

185

都佩带各种各样的璎珞与华鬘，并可以接受这种馈赠。典型的例证如《法华经·观世音菩萨普门品》中所说：

> 无尽意菩萨白佛言："世尊：我今当供养观世音菩萨。"即解颈众宝珠璎珞——价值百千两金——而以与之，作是言："仁者，受此法施：珍宝璎珞。"时观世音菩萨不肯受之。无尽意菩萨复白观世音菩萨言："仁者，悯我等故，受此璎珞。"尔时佛告观世音菩萨："当悯此无尽意菩萨，及四众、天龙、夜叉、乾闼婆、阿修罗、迦楼罗、紧那罗、摩睺罗伽、人非人等故，受是璎珞。"即时观世音菩萨悯诸四众及于天龙、人非人等故，受是璎珞，分作二分，一分奉释迦牟尼佛，一分奉多宝佛塔。

为什么菩萨能接受此种供奉？看来是与释迦牟尼得道前——包括本生经中的无数前生时——属于菩萨级有关。特别在释迦牟尼当王子的时候，更是璎珞遍体的人物。这就影响到佛教的早期造像。佛传中的释迦牟尼就是王子装束的呀！

按古代南亚次大陆的菩萨造像，其璎珞与华鬘性质的装饰大致可以分为如下几类：

颈饰，基本上属于项圈系列，梵文中称为Kanthabhusa的。

　　胸饰，多由华鬘或串珠形态的华丽串形物组成，从脖子上往前挂在胸前。但有两种从左肩往下斜挂到右方腰腿部的，得说一说：

　　一种是花环形，是从左肩下垂，绕过右腿的一个大环状物，梵文称为Ardha-hāra，意译为"斜挂"或"半璎珞"的便是。

　　另一种是线形，或说带形，也是从左肩斜挂到右臀部，而不及腿部下侧。常见的最短，也就在乳房下一绕而上；

壁画中的华鬘

也有掖在腰带内的；长的则从臀部一绕。这种，梵文称为Yajñopavīta，汉文译作络腋、神线、神索、净绳、持供等。据说，婆罗门教徒在学习"吠陀"经典完毕之时，得授此线以为标志，佛教造像用此，是从婆罗门教那里沿袭移用，汉化佛教的塑像家也习称它为"绶带"。

腹部的装饰也和世间习见的那样，集中于腰带部分。梵文中称为Udara-bandha的，汉文可译成"腹带"；梵文中称为Kuca-bandha的，则可译成"乳带"。总的说来，腰带由金属和珠宝构成，和世俗所用似乎也没有什么两样。有梵文称为Mekhalā的，音译"弥阿罗"，意译则为"金带"。还有梵文称为Rasanā的，称为Kañci的，一般都可译作"宝带"。

戴在上臂部和腕部的，梵文统称为Bāju的，译作"臂钏"；梵文称为Kataka的，译作"腕钏"。还有戴在踝部的，梵文称为NūPura，可以译作"足钏"。以上，造像家常分别称之为"臂严"（"庄严"的严）、"腕严"与"足严"。

可是，汉化佛教的菩萨像的装身庄严越来越不讲究，有时连斜挂和络腋也分不清楚，甚至取消。宋代以后，封建意识加强，许多菩萨身上裹的衣服越来越多，那些装身庄严就看不出来了。观世音菩萨又经常戴上风兜，连宝冠（也是装身庄严的一部分）也看不出来啦。外来的华贵逐渐让位于本

汉化佛教法器与服饰

光头螺发的佛像

壁画中的菩萨和护法装束

土的朴素无华。

（二）造像服饰

上面我们已经讲到了菩萨级的造像是佩戴璎珞与华鬘的。这里，再把佛教造像服饰简括地谈一谈。

佛教造像等级森严，服饰穿戴严格而分明，基本上一看就能知道是哪个级别的：

头一级是佛。佛像均穿法服，偏袒右肩或覆双肩。除密宗的毗卢遮那佛等戴冠之外，都是光头螺发。

菩萨级大多作古代南亚次大陆以至西域各国的贵族装

汉化佛教法器与服饰

手持数珠的僧人

束。戴冠。实际上是杂取上述不同地区、不同时代的各种男女青年装束，拼凑而成。南宋以后又逐渐中国化，特别以观世音菩萨汉化为甚。个别的菩萨如地藏菩萨则作僧人装束。

罗汉，基本上都作僧人装束。

诸天鬼神，都不是出家人，属于"护法"。他们都按本身在世俗社会中的相应地位穿戴，而且越来越汉化了。如，帝释天和大梵天，日天和月天，就都作中国帝后装束穿戴。

有些女神性质的，如吉祥天女、摩利支天等，有时就佩戴璎珞。伎乐天、飞天、供养菩萨等服饰趋于华丽化，佩戴璎珞等势在必然。天王等多作西域和中国中古的武将的混合型穿戴。总之是越来越汉化。

祖师像，当然是僧人本色。

（三）数珠

数珠，是梵文Pāsaka-mālā的意译，又译作念珠、佛珠等。音译"钵塞莫"。它是佛教徒念佛号或经咒时用以计数的工具。它是由璎珞和华鬘演变而来的。由佩戴在身上仅为庄严之用转为掐着计数，那是一转念就能悟出的，就看是谁先转的这个念头了。古代南亚次大陆的考古和历史资料证明，婆罗门教徒和毗湿奴派都有佩戴、掌握数珠的习惯。佛教还是从婆罗门教徒那里学来的呢。可是，三藏中律部对使用数珠并无记载。密宗经典中倒有明确记述，例如，常常讲到佛旁边的一些菩萨是手持数珠的，更有关于数珠的种种功德的说法。在汉化佛教中，隋唐之际，随着净土宗和密宗的兴盛，数珠开始大流行，从此成为汉化佛教七众的重要随身具，并成为念佛信佛的重要标志。可是，在南传佛教中，至今还不流行佩戴和使用数珠。

关于数珠，有几点可以说一说。

汉化佛教法器与服饰

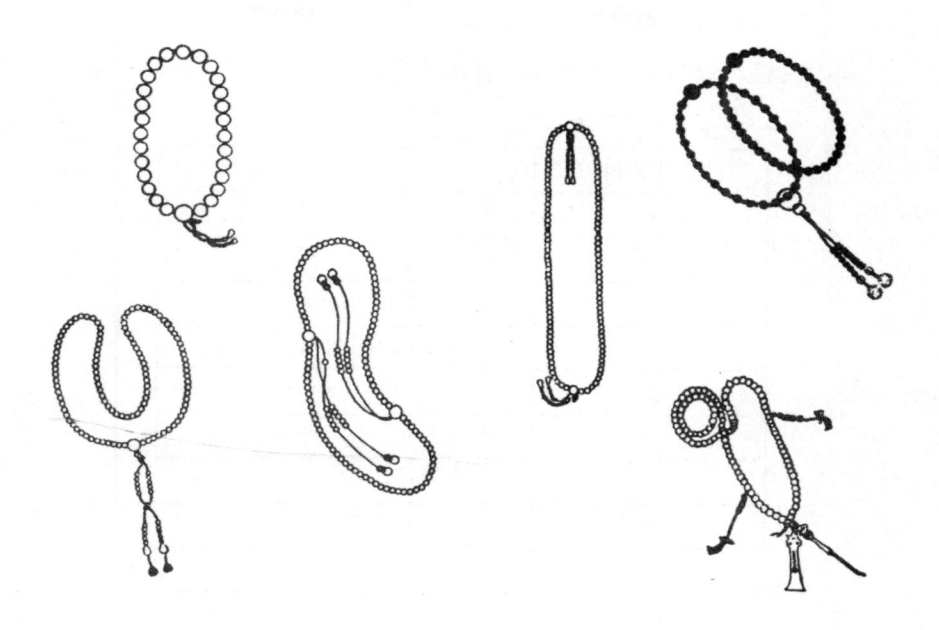

数珠

清代翠雕佛珠

193

首先是一串数珠的颗数。一般是九种，如下表所示。其中以百八颗的一种为根本，常用者为此种。

念珠数目	内涵
1080	十界各有百八，成一千八十
108	百八烦恼或百八尊、百八三昧
54	修生五十四位
42	住行向地等妙之四十二位
27	二十七贤圣
21	本有十地、修生十地及佛果
14	十四忍
36	三分百八为三十六
18	六分百八为十八

至于各种表示的内涵，一言难尽，一般读者不必深究，有个大致了解就行了。

其次，一串数珠中常加入一颗大型"金珠"，作为"母珠"；再加十颗"银珠"，是为"记子"。"母珠"表无量寿佛（即阿弥陀佛）之存在，记子表"十波罗蜜"。这是净土宗用以记念佛遍数之数珠。密宗则诵真言，以七遍或二十一遍为常规。密宗的数珠，就在每七颗或二十一颗后插入不同种的或同种而略小的四颗，称为"四天珠"，也是当记子用。一般庙里卖的数珠，常依净土宗规制而略减。通常数珠为黑色或褐色，中加一颗黄色或红色大珠作"金珠"，再加几个（常不到十个，三几个充充数）浅黄色或白色小珠充"银珠"就算了。

再次，说说数珠的质料。据说，持不同质料的数珠念经，所获功德不一样。质料好，功德成倍增长。至于何种质料的数珠得多少倍的功德，各经所说不同，今举《数珠功德经》中所述为例，不可执着。

念珠质料	功德倍数
铁	五倍
赤铜	十倍
真珠　珊瑚	百倍
木槵子	千倍
莲子	万倍
帝释青子	百万倍
金刚子	千万倍
水精	万万倍
菩提子	无数倍

补充解释几句：

木槵子是梵文Arista的意译，音译"阿梨色迦紫"。木槵是一种"无患"之树，为众鬼所畏。它的果实木槵子亦具降大力鬼神之力。

帝释青子是梵文Indranilāksa的意译，音译"因陀罗尼罗迦叉"。又名"天青珠"。据说是帝释天所居处一种宝树所生宝珠子。

金刚子是传说中的金刚树（又名天目树）的果实。据说像桃核，大小似樱桃，紫色。

菩提子，指菩提树之果实。圆形，上有一个圈和许多小点，称"星月菩提"。在中国只产于广东一带，且系自南亚次大陆引进，故内地常用一年生草本植物"川穀"的果实代之，圆而色白，亦名之菩提子。西藏另有一种藏语对音叫Bodi-Ci的果实，产于雪山，亦可作数珠，译名也叫菩提子。

（四）作为殿堂内庄严具的璎珞

这里说的是独立安置在殿堂内作为庄严具之一种的璎珞。这是编织或剪裁成长条形悬挂的装饰品，形状多种多样，质料也多种多样。如，用纸剪成的，有点类似年画中的"彩纸雕刻挂钱"，所剪的图案也多种多样，有卍字、花朵等。编织的类似长条形珠帘，也能编织出种种花样。据说在日本还有皮制的大个儿的璎珞，笔者没有见过。一般较正规的殿堂中都不挂这种璎珞。严格地说，它们也不能算是正规的璎珞，最多只可算是璎珞的非常规变种。不过因为有的寺院中——特别是南方尼庵——终究有此一类庄严饰，在本书的最后也得提一下就是了。

附　录

原书附录

汉化佛教七众饮食

我不是居士，只是从20世纪50年代中到80年代末，曾以种种因缘出入汉化佛教佛寺，了解一些那里的情况，也不是十分清楚。只可谈谈对汉化佛教表层的一点了解。

（一）斋、布萨、持斋

汉化佛教僧人的食堂称为"斋堂"，吃饭俗称"用斋"，在家二众吃素俗称"把斋"。所以，讲汉化佛教七众饮食，还得先从"斋"字讲起。

中国古代，在祭奠神灵或举行其他严肃的典礼以前，要进行某些清净身心的活动，以示郑重恭敬之意，称为"斋戒"，可以简称为"斋"。其中大致包括独宿并尽可能与外界避免联系，以便去除杂念而使心神专一；沐浴净身，去垢除尘；不饮酒，不吃辛辣有刺激性的食物——后来常是连鱼肉等动物性食物都不吃，估计是受到南北朝以还汉化佛教的影响——如此则清心寡欲，净身洁食，身心都不染尘境，以示庄敬。因其有戒惕之意，故全称"斋戒"。

古代南亚次大陆婆罗门等教有一种祭法，即是教徒每隔十五天举行集会，各自忏悔罪过，以清净身心。主持人还要做一些类似中国"斋"的活动。佛教也采用了这一方法而略加变通。此法，梵语称为Upavasatha，巴利语则称为Uposadha。梵语音译作"乌逋沙他"或"布萨陀婆"，汉译常用其简称"布萨"；意译则为"斋"或"斋戒"，系活学活用汉语原词，其意义则大不相同。按正规的佛教布萨，是每半个月召集同住的僧人于说法说戒的堂中，由精熟戒律的"律师"开讲"戒本"，然后由犯戒者忏悔。这种布萨也译成"说戒"。推而论之，凡是清净身心之事，均可称为"斋"。这是"斋"在汉化佛教教义中的最广义的用法，佛教在家二众在特定的日子——称为"斋日"——奉行一种称为"八关斋戒"的戒法，也略称为"斋"，其中饮食部分称"持斋"，俗称"吃斋"或"把斋"。这是另一种特殊意义的"斋",包括在七众斋戒之内。

古代南亚次大陆佛教特别重视一项"过午不食"的戒律,"斋"也特别用来指这种戒律。这种意义的斋,就是专门和饮食相联系的了。能持守此法者,便可称持斋;用来供养僧人的合乎戒律的食物,称为斋食;以食物供养僧人,也称为斋,全称是斋僧;斋僧的法会称为斋会。这都是对布萨性质的"斋"的一种大大发展了的用法,严格说来,和布萨已经没有什么联系了。

古代南亚次大陆佛教僧人以托钵外出向信士乞讨食物为生,它属于佛教行仪之一,梵语pindapāta,简略的音译是"分卫",意译为"托钵(早期称"持钵、捧钵",宋代前后至今称"托钵")、行乞、乞食"等,大致是每天清晨外出一次,施主给什么就捧回来吃什么。这样,在中午以前吃饱了,下午和晚上就专心致志修习佛法了。所以那时的斋食,专指过午不食;午后再吃食物,就不合斋法了。至于所吃的,则是施主给什么就得吃什么,包括肉类在内。除了个别的肉类如狮子肉等以外,可以说没有什么挑拣。不可吃狮子肉和狮子的哥们老虎的肉,因为释尊坐狮子座,有象征意义,老虎是连类而及。因此,那时的斋法以不犯"食时"为其基本内涵。后来,大乘佛教,特别是汉化佛教,大致从梁武帝时开始,大力提倡慈悲为怀,禁止杀生,因而汉化佛教僧人一律素食。汉化佛教便把素食称为斋,吃素称为吃斋或持斋。这种意义的斋是对斋戒的一项新发展，与斋的原始意义更没有过多的关系了。我们下面所讲的汉化佛教出家和在家共计七众的饮食，其范围就限制在这种斋食之内。

（二）古代南亚次大陆佛教徒的饮食

佛教教义中所说的"食"，内涵丰富，它是梵语Ahara的意译，涵有"牵引、持续、长养"等义，指的是能保持身体和精神存在的饮食，包括供应众生肉身和神圣法身的两类饮食，前者称为世间食，后者称为出世间食。世间食又分段食、触食、思食、识食四类，后三者是精神作用的食，带有譬喻性质的食。真正的进食，归在段食之内。本篇只讲这种真吃真喝的七众饮食，特别是僧人的饮食。

我国唐代僧人义净在南亚次大陆留学多年，在他所著的《南海寄归内法传》卷一中，把所见的当时那里的僧人食事做了淋漓尽致的记录，讲得真是活灵活现，北大东方学研究院院长王邦维教授著有《南海寄归内法传校注》一书，发挥得极为透彻，很希望有兴趣的读者去浏览一番，我们这里就不再赘述了。只把律有明文的重要规定提出来谈一谈。

首先说吃什么。按僧律规定，应吃"半者蒲膳尼，半者珂但尼"。半者是十这个整数的一半，也就是五。两类各五种食，合称"二五食"。它们的内涵是：

壁画中的用斋场景

半者蒲膳尼，又有意译加音译为"五蒲膳尼食"的，是梵语Pañca-bhojaniya的汉译，指的是五种主食，所以又称"五正食"。这些主食吃下去能填饱肚子，因此又可称作"足食"。据义净和某些经典所说，它们是："一饭，二麦豆饭，三麨，四肉，五饼。"也有的经典列举作"饭，干饭，麨，肉，鱼"五种的。总之是可以把动物性食品当主食来吃。

半者珂怛尼，又有意译加音译为"五珂怛尼食"的，是梵文Pañca-khadanīya的汉译，指的是搭配的五种副食，又称"五种非正食"。光吃这些副食就不成足食。据说，它们是："一根，二茎，三叶，四华，五果。"据僧律如《根本说一切有部毗奈耶》卷十六所载，先吃五种副食，还可再吃五种主食；要是先吃了主食，就不能再吃副食了，再吃就是犯戒。至于乳类和乳制品像酥、酥油之类，和蜜、砂糖（古代是那里的特产，中国人的制糖术是从南亚次大陆学来的。详见季羡林先生所著《蔗糖史》）之类，属于佐料和调味品，并无禁忌。据义净所见，有钱的施主在斋会中大量供应，"肴馔饮食，数盈百味"，"行其饮食，及以酥酪，乃至地皆流漫"。说明是不节食也不节约的。

　　义净所见，是南亚次大陆佛教极盛时代的情况。其实，佛祖缔造艰难，想创业时那段情由，未必如此。佛祖出家苦行六年，"日食一麻或一麦"，形销骨立，今南传和藏传佛教中供奉的"饿佛"像，就是表现他这时的状态的。汉化佛教以其有似骷髅，吓人一跳，并且显示的是佛祖不得志时的样子，所以为尊者讳，摒弃不用。且说佛祖经过这样的苦行，终于理智地觉悟到："如是等妙法，悉由饮食生。"（《佛所行赞》）不吃饭，大法是寻求不到的。于是佛祖改变方法，先到河中沐浴，洗完了，因为太缺食，没有力气，揪住一根下垂的树枝才爬上岸来。这时，一位（有的经典中增加为两位）牧女送佛祖一碗乳糜（也有的经典记成牛乳）

喝，佛祖才恢复了气力，到菩提树下坐禅，七日成正觉。后来在佛成道日（汉化佛教定在阴历十二月初八，俗称腊八）煮腊八粥，作为纪念。因此，佛教特别重视粥，也允许喝奶和吃乳制品。

早期佛教在和九十六种外道的竞争中创业，生活条件差，加上过午不食，一天只吃一顿正餐，很容易把肠胃机能搞坏，因此，清晨起外出分卫前，准许喝一次粥。大施主鹿子母（梵语Mṛgāra-mātṛ的意译，音译"密利伽罗磨多"）曾向佛祖发八大愿，第七愿就是终生供应僧众喝粥。佛教经典中还专门提出喝粥的"利益"。如《四分律》卷十三中就说，食粥有"五善事"：善除饥，除渴，消宿食，大小便调适，除风患。《摩诃僧祇律》卷二十九中，则举出食粥的十种利益：资色，增力，益寿，安乐，辞清（气无凝滞，辞辩清扬），辩说（滋润喉舌，论议无碍），消宿食（温暖脾胃，宿食消化），除风（调和通利，风气消除），除饥，消渴。《十诵律》卷二十六中载有八种粥：酥粥，油粥，胡麻粥，乳粥，小豆粥，麻沙豆粥，麻子粥，清粥。可见古代南亚次大陆僧人盛行喝粥和粥的种类之多。据我们看来，早粥的确对近午才饱餐一顿的僧人脾胃和整体健康有利，也是创业艰难时期僧团粮食困难的投影。值得注意的是，南亚次大陆地区牧场较多，农产品也丰富并种类繁多，反映在粥的种类上，一则多种多样，二则搀合乳制品的粥就有几种。汉地自然条件不如南亚次大陆，也极少饲养乳牛的，只有更加艰苦奋斗，平常日子喝清粥而已。

古代南亚次大陆佛教还定有许多饮食之际的做法，简称"食法"，汉化佛教对之作了有变化的有自家创造的继承。这些要在下一节讲述。在此只说说汉化佛教僧人因条件和习俗而没有学到的：饭后盥漱，特别是嚼齿木。齿木是梵语Danta-kāstha的意译，中国人又译作"杨枝"，是一种以咀嚼方式揩刷牙齿兼刮舌的木片，起的是现代的牙刷牙膏兼刮舌板的作用，它不限于在饭后用，可是饭后必在漱口以后用。《五分律》卷二十六中，佛说嚼齿木有五功德：消食，除冷热涎唾，善能别味，口不臭，眼明。这一件饭后洁齿讲卫生的事，是我们应该变化学习的。

南亚次大陆佛教以分卫的生活方式为"正命食"，即正确的方式；别的全算"邪命食"，其中包括：下口食，就是耕种和采药卖药等；仰口食，就是以天文气象之学求生存，包括正确的历算和迷信的求雨等；方口食，即为豪门贵族跑腿做事；四维口食，即以占卜咒术骗钱的。我们认为，分卫究竟是靠别人养活，如果能自食其力，岂不更好。当然，要靠的是体力劳动和脑力劳动，不可靠骗人吃饭。

（三）汉化佛教出家五众饮食

有关寺院中的饮食，主要讲以下三点。

1.食时

中国古代有一种"时分"的定时法，其中的"食时"，在"蚤食"之后，较晚，大体上已在我们的钟表8—9时之际，仅为计时，与吃饭脱离。佛教所说的"食时"，就是吃饭的时间。早饭应安排在天刚亮时，眼睛能看见手中的指纹时即可进行。在僧人的集体食堂"斋堂"内，除病号以外的全体僧人一起用餐，敲云版或粥鼓为号，一般喝粥。这次早餐被称为"小食"，是相对于午餐的"正食"而言。

汉化佛教内特别是禅宗，主张农禅并重，靠农业、林业、副业、手工业、制药与行医等劳动来养活自己；有些高级知识分子类型的高僧如一行等人，参加国家需要的天文历算工作。这都是正当的生活方式，未可厚非，反而应该提倡。出寺劳动特称"出坡"，头一天挂牌告示。无论"出坡"或在寺内干活，即参加体力劳动时，早餐吃些干的以便顶得住，或是在早饭喝粥以后劳动中间休息时吃点食品，是应该允许的。这种早午两餐间的食品就叫"点心"。至于午餐，既然是正食，就得正经吃饭。按规定必须在日中以前吃，吃完这一顿，当天就断食了，因此称为"断中"。午餐

比丘尼着常服在斋堂中持钵用斋

是在斋堂内集体用餐。此后，当天在斋堂就不再开饭了。

这里附带解释一下"出坡"。它是一个僧人专用的通俗性术语，意思是用挂牌公布的方式邀请全寺僧人一起从事体力劳动，这种劳动大致指农业、林业、某些副业和寺院建筑等在露天干的重体力活。不过，挂牌上一般写的可是"普请"而非"出坡"。原来，中国古代寺院中本来流行一个术语"普请"，即"普遍邀请"之意。如日本入唐的高僧圆仁在其所著《入唐求法巡礼行记》卷二中曾记有："院有斋，普请。"说的是普遍邀请全体僧人赴斋，于是圆仁也就"赴彼断中"。可是，后来由禅宗开始，把"普请"的词义缩小到只是普请做重体力劳动。而后，又造出一个专门用来普请劳动的新术语"出坡"来。至今，"普请"用于挂牌的文字中，"出坡"用于僧人口语中。

我们接着说断中以后的事。按严格持戒的要求，只可日中一食，连早粥全算通融。断中以后，绝不能吃任何食物，只能饮水。汉化佛教的许多高僧都是严持此戒的。例如近现代我国被推为律宗第十一代祖师的弘一大师，对此戒持行极严，临终前连续几天拒绝劝告他断中后进食牛奶的请求，连上午也不喝牛奶。

但是，一般说来，断中以后，喝点软饮料如果汁之类，吃几块糖，还是可以的。进而言之，因为大多数僧人日常都得从事或多或少的体力劳动，晚上不吃饭顶不住，所以，许多汉化佛教的寺院中都开了此戒。可是，佛祖的规矩也得多少遮护，于是用"药食"的办法来解决。药食，就是吃病号饭。一般说来，病号只能吃稀软的食物，所以，药食必须是粥或热汤面之类才行；再则，病号哪能公开在斋堂吃饭，所以得端到自己屋里去吃。慢慢地就形成了早晚两粥的制度。现在某些寺院中，晚粥也在斋堂吃了。其实，在我们看来，人类中的大多数早已习惯于吃三顿饭，南亚次大陆佛教僧人托钵，兼以下午和晚上修行，过午不食是没办法中的办法。汉化佛教根据本身参加劳动的需要，不拘泥成法而加以变通施行，可算是一种革命化的（为劳动）大胆改革，应该支持与推广。附带说几句：药食也写作"药石"，这样写的一种说法是，僧人把治疗疾病称为药石，这是因为中医治疗药剂与砭石（针灸、热疗等方法）并重，所以《祖庭事苑》卷一中就说:"食当作石,取疗病义,故曰药石。夫攻病曰药,劫病曰石。古以砭石为针也。"还有一种通俗性的解释是,古代僧人过午不食,冬天的晚上又冷又饿,就拿一块烘热的扁平石头片放在腹部熨,起的是现代治胃痛抱电暖器、暖水袋的同样作用,因而后来把晚上喝的热呼呼的食物也叫作药石了。据《春渚纪闻》卷四中记载,一位遭贬的大官后来寓居禅林,每天跟着和尚上斋堂吃饭,不懂人家过午不食的戒律,晚上还要吃。只好派一名沙弥给他做"汤饼"(热汤面)。这位官员看见别人都不吃,特为他做饭,一问,才了知此中真谛,吓得不敢再吃啦。附带说一下,僧家称给特定的人做的饭食为"特为饭"。禅宗寺院特称晚饭为"房餐",意思是回自己房中去用的病号特餐。

2.食物与食物禁忌

再说食物。佛教也称食物为"食体"。佛教对食物有许多禁忌,这是众所周知的事。我们只拣几项大的、重要的说一说。

头一项就是戒酒。酒是五根本戒中的第五戒,无论出家在家,七众均需首受"三归五戒",众所周知,五戒是戒"杀盗淫妄酒",要一生严持,一般说是不能开戒的。但在生病需要服药酒时,可以按医生的指示,适量服用。过去,佛寺的戒坛内和山门之外,常立有"戒碑"。早期的戒碑上刻有"不许荤酒入山门"七个大字,有的酒肉和尚读作"不许荤，酒入山门"，产生歧义，后来的碑就都刻成"荤、酒不许入山门"了。有文献，如敦煌遗书中所见，僧人有饮酒的风习，应俗家邀请做法事后，就有供应酒类的记载。按说，五戒中的前四戒属"性戒"，属于带有本质性的问题，是社会上也普遍认为是罪恶的事，社会上设有法律等制止，不待佛说便是罪恶。酒戒则是佛家自行规定的，属于"遮戒"，即触犯后在佛家内部可以自行通过忏悔等方式改悔的。这样一来，饮酒的事就有台阶可下了。附带说一句：除上述前四戒外，其余的所有的戒和犯戒的处治，全是遮戒。

再一项是吃动物性食品问题。前面已经说过，古代南亚次大陆佛教僧人是不拒绝肉食的。但食肉究竟与我佛慈悲之心不甚相合。有些经典中就做出一些规定来，如《十诵律》卷二十六中说，有三种肉不许食用，即：见杀、闻杀、疑杀，也就是或看见或听见或疑为我而杀的生物之肉，总称为"三不净肉"；反之则为"三净肉"，据同书卷三十七所载，眼不见杀，耳不闻杀，不疑杀（知此处有屠家，或系自行死亡之生物，均无特为我而杀之嫌）的"三净肉"，病号可以吃。这就大开了方便之门。

汉化佛教则从梁武帝时期禁酒肉开始，渐渐地严格执行不许食肉的规定。《法苑珠林》卷九十三所载食肉十过，就是中国人借助经典总结出来的早期文献。现当代汉化佛教僧侣五众更是坚决执行，这一点，不属于汉化佛教系统的其他

用斋场景

派系，如藏传和东南亚某些部派，虽然不能实行，却是非常佩服的。照我们看来，既然讲慈悲不杀生，干脆就讲到底，那才算活罗汉哪！禅宗传说，六祖隐于猎人之中时，为了生存，常吃他们煮肉锅里的"肉边菜"而坚决不吃肉。《老残游记》续集中的那位比丘尼逸云等人就按此实行。我们认为，这种权宜之计以少用为宜，更以不用为佳。

第三项是"吃荤"问题。按我们前面所说的南亚次大陆佛教教义，其中"荤"指的是有刺激性气味的植物性菜蔬，所谓"五辛"又作"五荤"的便是。辛，是梵语Parivyaya的意译，专指有强烈气味甚至药味的菜蔬。各经所举种类不同，大致包括葱类、蒜类、韭类和香菜与茴香之类的菜蔬。《首楞严经》卷八等经典载有食用五辛的罪过颇多，请自行参看，在此不赘述。可是，后来在汉化佛教中渐渐把吃荤和吃肉等同起来，这个佛教术语的涵义就发生转移，而且在佛教以外的广大群众中普及开来。现在您说吃荤不是吃肉，老百姓已经不认可了，干脆入乡随俗可也。

在此略说关于茶的事。饮茶是中国人发明的，僧人在其中起了很大的作用。传说僧人在坐禅时嚼茶叶防止发困，后来发展为"点茶"。禅宗特别重视点茶，并形成了一套点茶和点汤的礼节，推广到别的宗派。关于茶的事，因其比较复杂而又与正规的饮食关联少，将在另外的文章中讨论，此处不再赘述。

3.食法与食器

食法，就是在用餐之时所行的宗教仪法。在戒律中食法的规定详细到几乎达到繁琐。如汉化佛教中的"教诫新学比丘行护律仪"，主要条款有120条之多，有兴趣的读者请自行检阅，在此不赘述。总的说，则是有展钵、受食、咒愿、观念、洗钵、说法等方面的诸多条款。其中最重要的是在进食前诵"食时五观文"，进行五种观想。其内容也请读者自行观看《禅苑清规》等有关经典，我们不再赘述。

食器，主要是钵，还有配合钵使用的匙、箸、钵单、钵刷、钵袋等。当代僧人在斋堂用饭，一般不用钵，只用两只

饮食器

碗，一碗盛饭，一碗盛菜。可是外出挂单，必须衣钵齐备。

（四）汉化佛教在家二众斋食

在家佛教信徒二众在特定的日期持八关斋戒，简称"八戒"。这是在佛教的十项沙弥戒（出家五众均须洁持）中减去第十戒"不蓄私财"，再把第九戒"不非时食"即过午不食称为"斋"，就成为八戒加一斋，合称八关斋戒。持戒的日子称为"斋日"，规定有四斋日、六斋日、十斋日等，都按阴历日期算。各经典所记日期有不同，通行的大致是：四斋日为初一、初八、十五、二十三日；六斋日去掉初一，加上十四、二十九、三十日；十斋日则是六斋日加上初一、十八、二十四、二十八日。还有"三长斋月"，是每年的阴历正月、五月、九月。从佛法的原则要求说，持戒时对"不非时食"应严格执行。当然，在斋日因劳动需要可以用药食，斋月中患病时更可以临时开斋。至于食法，平时在家而不过堂（过堂是僧人上斋堂用斋的术语），不做严格要求。如在寺院中进行八关斋戒，则跟着僧人，亦步亦趋就是了。食器则因在家人无钵，就用饭碗，其他用器与一般老百姓无异。

最后要说一点：出家五众的食堂原来就可称食堂，禅宗的食堂称为斋堂，后来各宗的寺院差不多也都改用这个称呼了。寺院的厨房称为"香积厨"，简称"香厨"。这是从《维摩诘经》中取香积佛国香饭的典故生发而来。此厨与此堂系特为出家人而设，在家居士和清信女也可间或跟着吃上两顿，甚至某些并不信佛的不速之客赶上了也能扰上一顿，三十多年前，我就因事在东林寺扰了果一方丈几顿，实为特例。但这一堂一厨是不对外的，更不收钱。当代许多大寺院开设对外营业的素菜馆，与一堂一厨是两码事。一般说来，本寺的僧人，除了陪同俗客（包括非在家二众者，当代常见），是不到这种饭馆去吃饭的；在家二众倒是这种饭馆的常客；随喜游览的平常人自然更是趋之若鹜了。

舍利与佛舍利

舍利是梵语śarīra的较为简缩的汉语音译，另一简缩音译是"实利"，全音译是"设利罗"或"室利罗"；原义指遗体，即人逝世后的尸体。从佛教的观点看，含有"易坏（容易被破坏）"（梵语动词śr，意为"破坏"，是śarīra的组词成分）之意蕴。还有一个梵语词语dhātu，音译"驮都"，则是指焚化后尸骨的残余。古代南亚次大陆称火化遗体为"荼毗"，乃巴利语jhāpita的音译，又译作"阇维"等，这个词语在汉化佛教中成为僧人专用，意译"送往生"。俗人及其他教派不可这么说，只说"火葬"就是了。且说，僧人荼毗后，遗体变成许多碎末与碎片——也就是碎骨状的遗骨，梵语称为dhātuyo，即驮都的多数格。按说，应以"驮都"称此种遗骨，但是，佛教以舍利统括此二者，称舍利为全身舍利；称驮都为碎身舍利。另有一说，是把遗骨全部收入一座塔内者，称此骨殖为全身舍利；分置多处者，称为碎身舍利。总之，舍利逐渐成为对火化后碎骨的称呼了。

"塔"是梵语stūpa的简缩音译，又译作"塔婆，浮图，浮屠"等；全音译有"窣堵波，窣覩婆"等。它本是古代南亚次大陆的一种高坟，标准样式像个大馒头，上面竖着一个旗竿形状的标志。塔的出现，远早于佛教的创建。佛教徒依照本地传统，建塔安置佛祖舍利，后来发展到安置佛的声闻弟子，再进一步普及到后世的高僧。从佛教观点看，藏有佛祖和佛弟子、高僧等位舍利的塔就具有神圣性质了。

塔传到中国，一则，从造型上看，经过中国式脱胎换骨大改造，已经与发源地原型大不相同，形成多样化的建筑造型，并影响了世界上所有的后来的塔。二则，从用途上看，佛教徒在塔院（僧人的坟地）中还作为安葬僧人遗骨用，但已经有专门的藏经塔。俗人又发展出脱离佛教的文风塔（为本地改造景观风水出状元进士举人而设）、料敌塔等等，早已脱离本根了。

释迦牟尼佛住世时，声闻弟子等以佛为师。佛圆寂前，遗命："以法为师！"僧人据此发展为：将佛骨舍利称为生身舍利；将随后代高僧舍利入塔供奉的经卷称为法身舍利。实际上，法身舍利取的是比喻义。此种理解与随之实行的具体做法，在汉化佛教中颇为流行。可是，释迦牟尼佛住世时尚无经卷，佛祖荼毗后，信士只能拾取生身舍利供养。据说，佛祖舍利先分为三大份，由诸天、龙王、人间信士各取一大份供养。据《长阿含经》卷四等经文记载，留在人间的一大份，分成八份，由八个国家派人携带归国，各起一塔供养，共成八大塔。到了阿育王君临大半个南亚次大陆，开始崇敬佛教之时，开启其中七塔，取出舍利，分别盛放在八万四千宝箧之中，建八万四千小型的"金刚宝箧塔"供养。汉化佛教遵照此种传承，也建一种"金刚宝箧塔"（又称"金刚宝座塔"），原意是为藏各种舍利而建。当然，汉化佛教所建各种类型的塔，都尽可能地在其中安置供养舍利。一般是安放在"地宫"（俗称"地窖子"，必安放生身舍利；或其替代物品如宝石等，称为"影骨"；其他如法身舍利即经卷等也算）和"天宫"（顶层之顶上，一般安放法身舍利和影骨等）。

　　限于篇幅，我们只能重点谈谈佛舍利。佛舍利原藏一大塔及八万四千宝箧塔中，数量不少。时移世易，现在已经很难寻觅，就是找到了，也不容易确实指认了。古代高僧从陆上和海上丝绸之路陆续带来一些佛舍利，例如，《大唐西域记》卷十二记载，玄奘法师带回佛祖如来舍利150粒；《宋高僧传》卷一记载，义净法师携归300粒。《广弘明集》卷十五列出有传承的中国佛教所建17座舍利塔，《法苑珠林》卷三十八列出19座。

　　佛舍利流传至今，当以"流传有绪"者最为重要。这指的是，一则在历史上有明确记载；二则在重新出土时有明确证明。

　　佛舍利中最为宝贵的有四颗没有焚化的牙齿，俗称"佛牙"。帝释天取走一颗，带到天庭供养；捷疾鬼夺走一颗，据说后来归入龙宫宝藏内供养；人世间只剩下两颗佛牙了。其中一颗传入师子国，即今斯里兰卡，现供奉在斯里兰卡国楞伽岛中部山区康提（Kandy）市马拉葛瓦寺（Malagawa，俗称"佛牙寺"），为斯里兰卡国宝，深受世界各国佛教徒及相关人士（如政治家）尊崇。12世纪时，斯里兰卡比丘达摩揭谛（Dhammakitti）据僧伽罗文编年史《佛牙史》（Daladāvaṃsa）改编为巴利文《佛牙史》（Dāthāvaṃsa），

汉化佛教法器与服饰

北京灵光寺舍利塔

重点记述说：此佛牙原供奉于南亚次大陆一所王宫之内，战乱时，一位公主将佛牙密藏发中，逃到斯里兰卡。从4世纪时即受国王礼拜，认为是护国安民的吉祥物，进而认为是天授王权的象征。另一颗，据《梁高僧传》卷十三《法献传》记载，原藏乌缠国（通译"乌苌，乌仗那"，梵语Udyāna的音译，意译为"花园"。故地在今巴基斯坦北部斯瓦特

217

南京栖霞寺舍利塔

河流域），辗转流传到西域。南朝高僧法献（424—498年）西行，自于阗取得此牙并舍利十五粒，刘宋元徽三年（475年）回到建业（今南京市），永明七年（489年）始供奉于上定林寺。梁武帝普通三年（522年）一度被窃走。隋代南北统一后重现于世，北送供奉于长安。五代时，中原兵荒马乱，佛牙又被辗转送到燕京（今北京市）。《辽史·道宗本纪》中载有咸雍七年（1071年）八月安置佛牙舍利于灵光寺招仙塔（今北京西山八大处第二处）内的明确记录。此寺创建于8世纪，塔系八角形十级砖塔。1900年，寺与塔同遭八国联军炮击，成为一片瓦砾。僧人掇拾残余，在塔基内地宫中发现石函，内贮有一个沉香木盒，上书题记："释迦牟尼佛灵牙舍利，天会七年（按：963年）四月二十三日记。善慧书。"善慧是当时高僧。

解放前，外患内乱不已，僧人只有深藏固拒，以防法宝有失。解放后，在我们敬爱的周恩来总理亲切关怀下，佛教界联合各界，重建新塔。1958—1964年间动工，1964年6月25日建成开光，塔高51米，八角十三层，定名"佛牙舍利塔"。从此，佛牙在此供奉，并多次应海内外佛教徒请求，外出供信徒瞻仰礼拜。必须强调说明的是：佛牙舍利在人间只此两颗，绝没有第三颗以至更多。

佛舍利中，另一极为宝贵的是唐代扶风法门寺塔内供奉的佛指骨舍利。据《法苑珠林》卷三十八中记载，扶风岐山之南，原有一所阿育王寺，遭焚毁。贞观五年（631年）重修，舍利自塔内出现，又收藏于塔中。显庆四年（659年）九月，山僧智琮奉旨重新请出舍利，当时共有八粒，包括佛指舍利。第二年，迎舍利入东都大内宫中，建金棺银椁供养。龙朔二年（662年）送回本寺。武后、肃宗、德宗时都有过迎佛骨的大举动。最著名的一次，是在宪宗元和十四年

（819年）正月，又迎舍利入禁中敬礼三日，更送京城十所寺院供大众瞻仰，举国若狂。韩愈为此上《论佛骨表（谏迎佛骨表）》："一封朝奏九重天，夕贬潮州路八千。"二月，皇帝敕令张仲素从肯定角度撰写《佛骨碑》。懿宗咸通十四年（873年）三月，又迎一次，十二月（公历已入874年）才送还本寺。以上仅举出荦荦大者，以明源流所自。唐代以后，法门寺逐渐衰落，唐代修建的四级木塔于明代隆庆年间崩塌。万历七年至三十七年（1579—1609年）重建宝塔并重修庙宇，后来塔庙又逐渐残破。1982年，宝塔的半边在连绵阴雨中轰然崩倒。1987年，在拆除残塔清理地宫时，出土一枚佛真身指骨、三枚影骨（仿制品）舍利，同时出土大量唐皇室及高僧等供养的法器、文物，价值连城。如今，这批佛舍利供养在新修建的"真身宝塔"中。法门寺已成为北京佛牙舍利塔以外的又一佛教徒朝拜圣地。佛真身指骨等四枚舍利也如佛牙那样，现已几次由海内外佛教界祈请外出，以供瞻仰敬礼。所到之处，万人空巷，对维护世界和平及促进全世界人民大团结，起了极好的无可代替的作用。

1981年，在北京市房山区云居寺石经山雷音洞地下石穴中，出土了佛舍利。据历代碑刻、书籍等史料记载，是创建人静琬从隋文帝处取得，历代流传有绪。原有三粒，现存两粒，由中国佛教协会供奉，有缘善士得以瞻仰。

"以"字点

佛经题签上常有一个标识,这个标识,有的佛教护符上也有。其形态大致如下页图,列出甲乙丙三种:

甲种可称最为标准,把它的左右两端合在一起,有点像汉字楷书的"以"字,故而习称"'以'字点"。佛家认为,"以"是悉昙体梵字谐音"伊"（ī）的同音字。乙种就是三个点,佛家称为"伊字三点",同样指的是"伊"（ī）的谐音,其内涵下面再说。丙种就更简单了,上下各戳上两笔就算了,对此,佛家的解释更为玄妙,因为下两笔像"八"字,上两笔又像没写完的"以"字,所以,禅宗就说是"以字不成,八字不是"。据说,按禅机,指的是以任何方式均难以表达出其本来面目。

现在,就得介绍"伊"字代表悉昙体梵字的情况。如图,它表示的就是悉昙体的"ī"字。必须说明的是:

梵语、梵文、梵字是三种不同的概念。梵语是古代南亚次大陆多种语言中的一种。据说,在佛教建立以前,古老的经典如《吠陀》《奥义书》等均用此种语言写成,称为Sanskrit,有"成就,完成"之意。据说是由创世大神梵天所造,故汉译称为"梵语"。到了佛陀立教时代,梵语已成为一种"雅语",有点像托尔斯泰《战争与和平》等小说中俄国人说法语,或明清时代的人写文言文那样了。佛陀传教,据说用的是当时当地的几种土话。可是,后世书写佛典,却常常以梵语书写的为准。经过不同的整理,梵语有47个音以至50个音之不同,记录下来的文字称为"梵文"。记录梵文的文字有多种,可以统称之为"梵字",但它们的写法很不一样。也就是说,可用多种不同的拼音字体来记录梵文。可是,中国人采用何种文字记录来进行阅读和翻译呢?用的是悉昙体。

悉昙体只是记录梵文的字体之一。但它在记录佛典的文体中颇占优势。中国人早期跟着西域等地来华的僧人学习翻译佛经,原始的本子未必是梵文,说不定是佉卢文字、婆罗谜文字或其他西域通行文字,那时的译本可能经过了再翻译。后来,如法显、玄奘、义净等位中国高僧觉悟到:要取真经,不要二手货。于是,远赴南亚次大陆学习。取得并学到的大半是悉昙体梵本。唐代以还,佛经翻译就以梵本为准了。其实,后来南亚次大陆特别是那里的南传佛教体系,通行持诵巴利文本大藏经。巴利文与梵文的佛经中专名词有许多是相通的。

前面说过,梵文有多种梵字,写法各异。汉文大藏经主要根据悉昙体翻译。后来,宋代,一种"天城体"梵字输入。元代,另一种与藏文写法有点关联的"兰扎体"也在内

汉化佛教法器与服饰

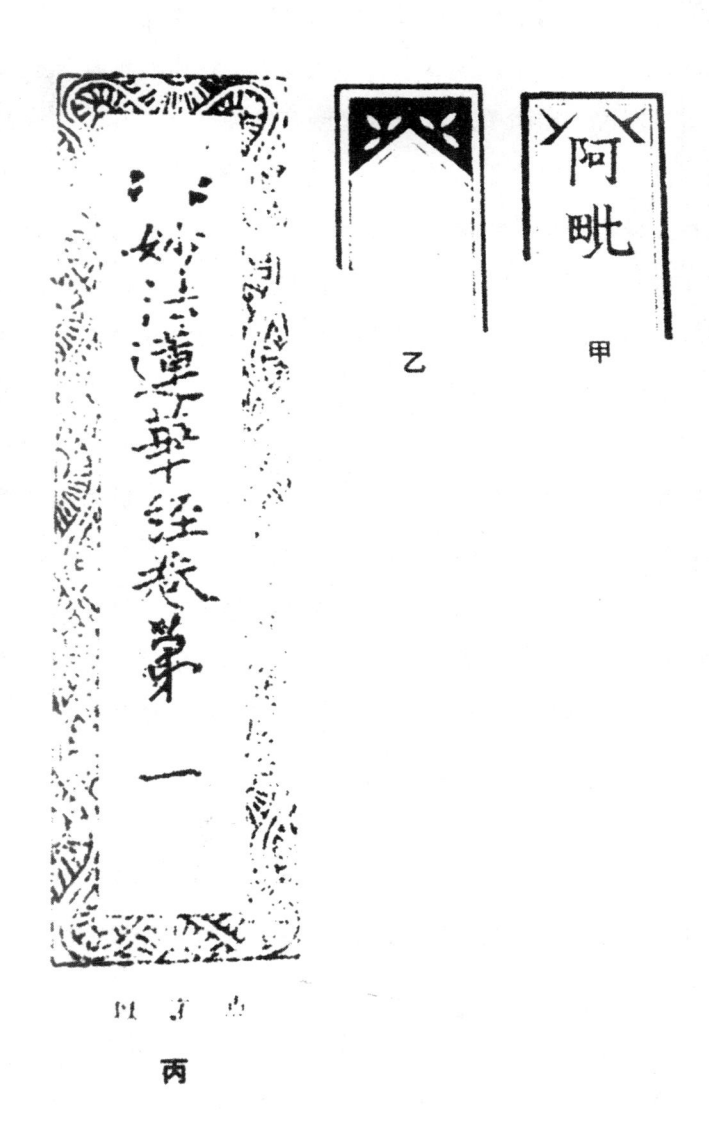

阿毗
甲

乙

妙法莲华经卷第一
丙

地流传。此种写法有点像是我们当代的"艺术字",见棱见角的,与别种梵字区别甚大。元代以下,认识此种梵字的人不多。据说,居庸关"云台"上刻有四种文字,其中一种就是兰扎体。有台湾学者认识,问过季羡林先生,季先生老实回答,说不认识。可见,兰扎体在当代已很不通行了。天城体比较好认些,佛经中亦不甚通用。现在,咱们谈佛典用字,还是得说悉昙体。悉昙体的第二个字母就是"ī"。其写法如图所示,有多种变体。附带说一下,欧洲学者,特别是德国学者,在使用打字机打梵字时颇感不便,于是,创造出以拉丁字母代替梵字和巴利文字的一套方式。后来逐渐推广,世界通用。季羡林先生在德国学的,除了要认识悉昙体、天城体梵字以外,写作论文用的就是拉丁字母体,台湾学者称之为"罗马拼音"。现在,通行的梵语辞典,为排印方便,用的全是拉丁字母体了,偶而缀上悉昙体,以示本源而已。

佛家对这个标识的较为详尽的解释,今知首见于宋代僧人善卿编著的《祖庭事苑》卷一中"以"字条,内容大略如下:

"以"字不成,其说有三:一谓是"呕""啊"二字;二谓是"音字",不译;三谓是梵书"心"字。并指经签题上"以"字也。

汉化佛教法器与服饰

"呕""啊"者,清凉疏主云:经首立如是,谓异外道故。外道经首皆立"呕""啊",或云"阿""优",以为吉。"阿"之言"無","優"之言"有"。万法虽众,不出有无。此则断常之计。今如即真如,是即妙有。对破邪宗,以彰中道。一代时教,不出如是二字。

《高僧传》有"译经新意"六例。一、译字译音例,内分四:(一)译字不译音,谓"陀罗尼";

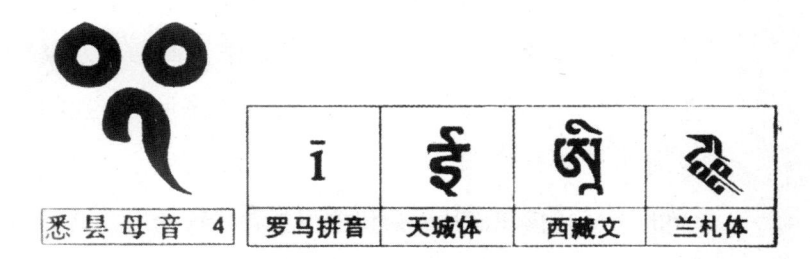

| 悉昙母音 4 | 罗马拼音 | 天城体 | 西藏文 | 兰札体 |

笔顺示范:

① ② ③

异体字:

（二）译音不译字，谓佛胸前"卐"字；（三）音字俱译，谓经律论；（四）音字俱不译，谓经题"以"字，所谓"呕""啊"，经首"如是我闻"，即不在经外签题之上。所谓"音字俱不译"，未详起自于谁。考其二说，似乎无稽。或者妄指为梵书"心"字，梵本且无，此说尤谬。……

愚尝过兴国之传法院，窃取西竺贝叶真书考之：其未译之书，经题尚且未立，何有"以"字之文？盖自古习谬，妄为其说。先圣法门不在斯焉！或问："经首'以'形自何而得？"盖当时佣书者运笔以覆经题，固无疑矣！然宗匠假此以接来学，岂知识拟议哉！

善卿的生平，我知道甚少，仅能据卷首法英的序，略推知一二。法英原序文如下：

大观二年（按：宋徽宗，1108年）春，吾以辅道之缘，寓都寺之华严。会睦庵卿上人过予手书一编，甚巨。其目曰《祖庭事苑》。……仅二十载，总得二千四百余目。

……上人生东越，姓陈氏，号善卿，字师节。幼去家，事开元慈惠师为弟子。访道诸方，元符中（按：

宋哲宗，1099年。元符年号只用了三年，此处只能是元符二年），以母老，不忍远游，而归隐卿（按：疑为"乡"字之误）里。昔睦州有尊宿，姓陈氏，亲老，无所归，织蒲履，鬻以自给。上人窃慕之，因命所居曰"睦庵"。其志识固可尚矣！四明比立法英书

我们能提供的材料，具如上述。

日本僧人运敞（1614—1693年，即日本后水尾天皇庆长十九年至日本东山天皇元禄六年），字元春，号泊如，俗姓藤原氏，真言宗僧人，曾任僧正，著作等身。其中《寂照堂谷响集》前集十卷，续集十卷，均采问答体，解答疑问。其卷二"经外题'以'字"条，全抄《祖庭事苑》之文，几乎一字不差，最后加上一小段按语：

今按，前三说义皆不成。之中谓梵书"心"字者，甚似昧于梵书。梵书安有"心"字哉？

附带说一下，由于悉昙体"ī"字有多种变体，极可能由此引出佛家"伊字三点"的神化说法：此三点既非纵列，亦非横列，是一种不确定的流动的三角形，用以比喻事物"不一不异，非前非后"。这是传达一种佛教概念了。更有说是这三点表示涅槃的法身、般若、解脱的三种德行，此三

德有"相即不离"之关系。这又是另一种佛教概念了。由此生发,中国各个宗派的解释多种多样,不赘述。另有一种上推到开天辟地的神异之说,说摩醯首罗大神有三只眼,状如"伊字三点"。录之以备一说。

原书后记

无心插柳
——写在《汉化佛教法器服饰略说》新版之前

1996年，我已在北大职工宿舍承泽园住了七八年了。哲学系毕业的老学长焦树安老哥也住此园，他的爱人大约是经济学系的教师，记不得是哪个教研室的人了，他的女儿焦宁那时在北大图书馆打工，与我们夫妇相当熟识，因而时相往来。焦大学长是时任国家图书馆馆长的任又之（继愈）老师的左右手。

任老师为商务印书馆主编一套《中国文化史知识丛书》，全套为100种。限定每本书八万字左右，要求深入浅出。我本来不知有此事。1996年年底，焦大学长忽然驾临寒舍，传达任老师的指示说：这套丛书已出99种（中有正在排印者），差一种，没人写，叫我写，限三个月交稿。内容呢？叫我马上自报。我当然推辞，可是，焦大学长说了，老师的命令，非干不可。

我想了一阵。我想，任老师八成是希望我写点与佛教有关的内容的。可是，太熟的东西，也未必能过得了老师的法眼。当时，有关汉化佛教法器服饰方面的浅显介绍不多，我就报这个选题吧。

过了年，1997年春节刚过，焦大学长兴冲冲来传达任老师和商务领导的联合指示，让马上动手写。5月10日，又拿着合同来，叫我签署。我说稿子尚未写完，他说，先签署合同，稿子限定一个半月必须交。

1997年6月27日，我在家中将全部八万字稿件交与焦大学长。当时他就指示：此后，馆方联系人为这套丛书的另一副主编张明华先生。商务的责任编辑是王齐女史。

1998年1月24日，张明华先生光降寒舍，取去我自拍的三十张彩照和若干线图。线图是我请故宫博物院出版社的徐晓燕女史画的，算是我个人买她的作品，200元。此后用图，就与她没有经济上的关联了。张明华付我600元，是合同之外买图片的费用。我声明：这些照片与线图，不算卖绝，以后我还另做别用。张明华先生表示，合同期满，我爱怎么用就怎么用。

1998年2月10日，商务的责编王齐女史翩然光降。她很年轻，自己开着一辆轿车，这在当时是女性超时代的举动，少见。她解释说，住在南城，距离商务所在的王府井大街36号颇远，她的女儿何珊在王府井小学（名校，与商务仅隔数十米）上学，非车送不可。她又说，她是北京师范大学中文系毕业的硕士，似乎当时正在读在职博士。硕士和博士导师均为当时已蜚声学术界的中年有为的郭英德先生。要知道，那时的硕士还很稀罕，全国的博士更没有几位。我一听这两条，不禁肃然起敬。她说，任老师审查过了，内容没问题。行文呢，她说："我全看懂了！"剩下的，就是核对图片，写图片说明啦。

1998年4月20日，王齐驾车，把她的编辑室主任任雪芳女史带来舍下，送校样。任雪芳是北大中文系古典文献专业60年代毕业生，我们算是先后同学。此后，7月3日，任雪芳亲自送三校样来，王齐在13日取走。我方大功告成。

此书版权页署1998年12月第一版，实际上，我在1999年3月1日才拿到样书。上市，恐怕得在"五一"节日前后了。

此书于2000年获得北京市第六届哲学社会科学优秀成果二等奖，改革开放三十年北京大学人文社会科学百项精品成果奖，乃是不虞之誉。

此书内容，后来曾在几种版本的合集中刊载过。这次，蒙中华书局大众图书分社社长包岩女史不弃，指定还要单独再版此书。对我来说，当然是求之不得的事。可是，原样再版，似乎也对不起商务和读者啊。因此，增加了一些新内容、新图片。我自己的看法是，这本书已经显出有些老态了，盖缘同类普及类型书籍不多，可能尚有读者。一切让社长、编辑、读者来共同裁判吧。

必须说明：本书再版，完全是包岩女史一手促成。她是一位极有魄力的女士。我不敢用女中强人之类的词语来恭维她，觉得那似乎有点亵渎了。我只能说，在她那瘦小薄弱的身躯中，似乎蕴藏着无限的精神力量。她是一位总是想着作者与读者的好社长。

我的新任责任编辑林玉萍女史，责任心与编辑技术水平没得说，她匡正了文中的一些讹误。我要是再多说，她就更不干了，只可点到为止。

社长和责编二位，都不愿意我写这篇后记，干脆说，还有拒绝刊登之意。我说，宁可不出书，也不能不登此文。

是为新印本后记。

2013年8月5日，星期一。紫霄园

（2014年6月10日，星期二。略加剪裁。此日，林玉萍女史来取让我校的校样。）

《白化文文集》编辑附记

白化文先生各种著述方式的著作，出版的有十几种。此次出版文集，白先生主要选择了其中十一种，按出版年代先后，分别是：《汉化佛教与佛寺》（1989年台湾初版，书名为《佛光的折射》；大陆1989年初版）、《古代汉语常识二十讲》（1991年初版）、《闲谈写对联》（1998年初版，书名为《学习写对联》；2006年再版）、《汉化佛教法器与服饰》（1998年初版，2015年再版）、《承泽副墨》（2002年初版）、《三生石上旧精魂》（2005年初版）、《人海栖迟》（2005年初版）、《汉化佛教三宝物》（2009年初版）、《北大熏习录》（2010年初版）、《退士闲篇》（2011年初版）、《敦煌学与佛教杂稿》（2013年初版）。

此次编辑文集，以原书名为题分集，有的保持原貌，有的进行了一定调整。大体情况如下：

出版较早且风行已久的几种，一仍其旧。如《汉化佛教与佛寺》《汉化佛教法器与服饰》《古代汉语常识二十讲》，完全保持原貌；《闲谈写对联》附录了一篇原在别书的《联语小集》；《三生石上旧精魂》因篇幅关系，调入了其他书中关于佛教的几篇普及性的文字。

另外几种，出于各集均衡以及内容集中的考虑，调整相对较大一些。前者不言自明。后者，诸如——

《敦煌学与佛教杂稿》在诸书中篇幅最大，有一些怀人的文字，也有一些较为通俗的文字。编辑时，主要是集中敦煌学和佛学两方面学术性较强的文字，通俗性文字则予以调整。其中，《什么是变文》一篇则源自白先生与周绍良先生合编的《敦煌变文论文录》（1982年初版）。

《北大熏习录》也是篇幅比较大的，编辑时主要保留与北大相关的文字，其他则适当调出。原来的分辑也做了调整。

《人海栖迟》，内容主要关涉北京（所谓"人海"），故而也调入了一些别书的相关篇章，主要是怀人、记事的，也包括有关北京的书籍的文字。

《承泽副墨》主要收录"阐明或说希望表扬诸位大名家的优秀著作的小文及相关文字"，"以为传道之助"。编辑仍旧本此宗旨，除调出几篇关于北京的人和事的文章，主要是把别书中寿辞、碑文都集中调整了过来。分辑则是将序言与自序合为一辑，另增一辑"寿辞和碑文"。

《退士闲篇》，因与《三生石上旧精魂》有几篇重复，因而主要是调出；同时调入了一篇适当的通俗文字。

《汉化佛教三宝物》是新世纪结撰的佛教普及读物，由于较早出版且很受欢迎的两种佛教读物内容上有重叠，因此没有作为专集。此书独有的几篇文字，则编入适当的集子；《汉文印本大藏经》一文，也采用了此书经过修订的同题文字。

原著的序言（或者前言等），包括他序与自序，一律保留，并作说明。

原书有的分辑，有的不分；有的则在分辑之下，目录中又以空行标示区划。此次整理，绝大部分保持原样，个别的作了一些整合。

除了篇目调整外，此次编辑，更多的是按出版规范要求进行技术处理，尤其是涉及诸多方面的全书规范的统一；当然，也改正了原书存在的极个别的误植或失误。

白先生的著作，大多有丰富的插图，有的是说明性质的，与内容紧密关联；有的是附件性质的，但却有可贵的资料性和观赏性。此次编辑，尽可能地原图照录，同时删除部分意义不大且清晰度较差的图，也补充了一些切当的新图。

鉴于水平所限，编辑中难免有偏颇或挂漏之处，审校也会存在疏忽不审，敬请专家和读者批评指正。